성공을 부르는 화술

말 잘하는 사람
말 못하는 사람

피터 어스 벤더 & 로버트 A. 트레즈 지음
김효명 옮김

Secrets of Face-to-Face
Communication

말은 마법의 힘을 가지고 있다.
말은 최고의 행복 또는 절망감을 안겨준다.
말은 스승의 지식을 학생에게 전수한다.
연설자는 말을 통해 청중을 감동시키고,
그 결정에 영향을 끼친다.
말은 강렬한 감정을 불러일으키고, 행동을 하게 만든다.
─지크문트 프로이트

ⅰ아이디북

말 잘하는 사람 말 못하는 사람

초판 1쇄 발행일 | 2001년 8월 15일
초판 7쇄 발행일 | 2011년 9월 15일

지은이 | 피터 어스 벤더 & 로버트 A. 트레즈
옮긴이 | 김효명
펴낸이 | 김철수
펴낸곳 | 人 아이디북
등록번호 | 제 8-44호 1988년 2월 27일
주소 | 서울시 은평구 응암동 244-211번지 지하
전화 | 02) 322-9822, 7792
팩스 | 02) 322-9826

ⓒ 2001 Printed in Korea
ISBN 89-952265-1-X 03320

서문

사람들의 생김새나 성격은 그야말로 다양하지만 화술에 있어서는 크게 두 부류로 나뉜다. 말 잘하는 사람과 말 못하는 사람이 그것이다. 자신의 생각이나 의지를 말로 잘 표현하는 사람을 만나면 왠지 호감이 생기고 믿음이 쌓인다. 반대의 경우, 우리는 그 사람에 대해 부정적인 생각을 먼저 갖는다.

말 잘하는 기술, 곧 화술은 그 사람의 성공을 좌지우지하기도 할만큼 중요하다. 화술은 누군가와 의사소통을 하는 것이다. 내가 표현하고 싶은 내용을 전달하고 상대방으로 하여금 동의를 얻어내는 것이다. 사람은 태어나자마자 의사소통을 하기 시작한다. 말을 배우기 전에는 자신이 필요로 하는 게 무엇인지 표정이나 몸짓, 소리로 열심히 표현한다. 그리고 말을 배운 이후에는 죽을 때까지 끊임없이 의사소통을 하며 살아간다.

그런데 의사소통 기술이 변변치 못한 사람은 초라하고 불행한 삶을 살 가능성이 높고 반면에 뛰어난 의사사통 기술을 지닌 사람은 의외의 성공을 누릴 수도 있다. 누구나 말을 하지만 누구나 말을 잘하는 건 아니다. 왜일까?

일반적으로 사람들은 성인이 되면 의사소통 행위를 무의식적으로 행하게 된다. 즉 자신의 의지와는 무관하게 습관적으로 의사소통에 임한다. 대부분의 사람들이 말하는 데 무슨 특별한 기술이 필요할까 라는 생각을 할 것이다.

이 책은 이렇듯 무의식적인 의사소통을 했던 데에서 한 단계 더 나아가 선택적이고, 뛰어난 의사소통을 가능하게 해준다. 이 책은 우선 대화에도 체계가 있음을 강조한다. 이 체계는 우리의 경험에 기반을 둔 것이다. 우리는 개성이 서로 다른 사람들이지만, 커뮤니케이션의 전문가라는 공통점을 갖고 있다. 이 책은 대화 상대가 누구이든지 간에 의사소통 행위를 개선시키기 위한 간명하고 실질적인 가이드이다.

이 책은 철학이나 인생관에 대하여 논하지 않는다. 오히려 타인과의 대화를 어떻게 개선시키느냐가 이 책의 목적이다.

거듭 강조하지만 이 책은 경험을 바탕으로 만들어진 대화의 체계를 소개한다. 마케팅, 프레젠테이션, 리더십 등 각종 분야에서 체계적인 접근법이 효과가 있었기 때문에 이 책을 '대화의 체계'로 이해하는 것도 괜찮다고 생각한다. 우리는 대화가 가장 의미 있는 인간 행동들 중의 하나라고 믿는다. 하지만 이러한 대화 역시 성공적으로 수행하려면 어느 정도 대화의 구조를 파악하고 있어야 한다.

이 책은 다른 책, 특히 피터 어스 벤더의 저작들과 비슷한데, 그 까닭은 주제가 서로 연결되어 있기 때문이다. 예컨대 Leadership from Within은 자신의 내면을 알므로, 자신이 모르고 있던 내면의 힘을 밖으로 표출하는 것에 대한 책이다.

이 책은 성공적인 삶을 위한 기술에 관한 책이다. 독자를 뛰어난 화술가로 만드는 것이 이 책의 목적이다. 그리고 체계적인 대화를 배움으로 가정과 일터에서 만나는 모든 사람들과의 관계가 개선되는 것은 두 말할 것도 없다.

피터 어스 벤더 & 로버트 A. 트레즈

감사의 말

1991년 출판된 나의 첫 책, Secrets of Power Presentations은 본인과 마이클 맥클린톡이 함께 집필하고 아내 프란세스가 편집을 담당했다. 현재 이 책은 다양한 언어로 번역이 되어, 전세계에서 구할 수 있고, 유수한 대기업의 필수 독서 목록에 포함이 되어 있다.

나의 두 번째 책, Leadership from Within은 에릭 헬만이 없었다면 절대로 이 세상에 나오지 못했을 것이다. 이것도 국제적인 베스트셀러가 되었다.

세 번째 책, Secrets of Power Marketing은 본인과 첫 번째 라이센스 계약을 맺은 조지 토록이 함께 집필했다. 이 책의 초판이 나오자마자 캐나다 베스트셀러 리스트에 올랐고, 현재 국제적인 평판을 얻어가고 있다.

이 책은 굉장히 뛰어난 연사이며 훈련가인 로버트 트레즈 박사의 작품이다. 그와 함께 점심 식사를 한 적이 있는데, 그가 나에게 함께 쓸 책이 있다고 했다. 작업에 처음 들어갔을 때, 여러 가지 어려움에 부딪혔는데, 다행히도 나의 어시스턴트 조지 행콕의 도움으로 문제를 해결할 수 있었다. 조지 행콕은 처음부터 우리의 생각과 원고를 신뢰해 주었다. 그는 우리의 초본을 많이 고쳤는데 그 결과 지금 독자들이 볼 수 있는 모습이 되었다. 이 프로젝트를 끝까지 마칠 수 있도록 해준 그의 끊임없는 노고에 감사드린다.

그래서 만약 내가 노벨 문학상을 수상하더라도 받지 않을 것임을 여기에 밝힌다. 나는 결코 혼자서 이 책을 완성하지 않았다. 다른 많은 유능한 사람들의 도움으로 이 책은 세상의 빛을 볼 수 있었다. 물론, 원안은 나와 로버트 트레즈가 내놓은 것이다. 하지만 이 생각들 역시 거의 다 다른 책과 사람들에게서 영향을 받은 것들이다. 이 세상에 더 이상 새로운 것은 없다. 단지 다르게 표현될 뿐이다.

그리고 독자 여러분께 가장 감사하다는 말을 전하고 싶다. 독자들이 없었다면 이 책은 절대 팔리지 않았을 것이다. 출판은 쉬운 일이지만, 판매는 무진장 어려운 일이다! 나의 책이 도움이 되었다는 사실을 다른 분들에게 알린 독자들에게 감사한다. 여러분의 추천이 있었기에 다른 사람들과 공동 저작을 계속 발간할 수 있었다. 이제 조지 행콕과 공동 집필할 다음 책을 기대해주시기 바란다. 이 책은 독자 자신이 아닌 그 주변 일들에 관한 책 'The Bug in You!'이다.

피터 어스 벤더

좋은 글을 쓰는 것도 중요하지만 얼마나 마무리를 잘 하느냐도 중요한 문제이다. 이번 작업을 통해 뛰어난 사람과 함께 작업하면 원고를 완성하는 길이 훨씬 순조롭다는 것을 깨달았다.

사실상, 글쓰기에서 도움주신 분들을 밝히는 절차가 가장 어려운 부분이다. 혹시 누구 하나라도 빼먹는다면 어떻게 하나? 정말로 도움을 주신 고마운 분들이 너무나 많았다.

다음 분들이 큰 도움을 주셨음을 여기에 밝힌다.

작가, 연사, 전문 훈련가인 피터 어스 벤더. 그는 복잡한 것을 간단하게 만드는 신기한 능력이 있다.

작가인 조지 행콕. 그의 도움으로 출판이 이렇게 순조롭게 진행될 수 있었다.

마니 크라마리치, 길리언 와츠, 제니퍼 워렌, 그리고 수많은 다른 분들. 이분들은 탁월한 편집자로서 우리의 집필과 퇴고 과정을 도와주었다. 그들이 좋은 의견을 내주어 이 책의 완성도가 더욱 높아졌다.

그리고 돈 바스티안과 스토다트 출판사의 제안과 신뢰에 감사드린다.

수많은 작가, 연사, 강연 참여자, 그리고 친구들이 지혜, 충고, 전문 지식을 우리에게 제공해 주었다. 그들 모두에게 감사드린다.

마지막으로 이 책을 읽어주는 독자 여러분에게 다시 한 번 감사드린다. 독자 여러분의 삶에 조금이라도 도움이 되리라는 희망으로 여기에 담긴 내용을 모을 수 있었다. 이 책이 남을 이해하고, 자신의 생각을 남에게 이해시키는 데 도움이 될 것이라고 믿는다. 다른 사람을 잘 이해하는 것이 인간 관계와 대화에 있어서 매우 중요한 역할을 해준다는 것을 명심하기 바란다.

로버트 A. 트레즈 박사

1

성공한 사람은
이렇게 말한다

2

무언의 의사소통을
믿어라

3 마음을 열면
세상이 달라보인다

4 재치 있는 질문으로 대화에 앞장서라

대화의 성공비결, 상대방에게 집중하라!
SOFTENERS 공식을 이용한 집중방법!

Smile(미소) - 자주 그리고 적절하게
Open your body posture(자세를 반듯이 하기) - 상대방을 향하여
Forward lean(앞으로 숙이기) - 상대방을 향하여
Touch(만지기) - 조심스럽게!
Eye contact(눈 마주치기) - 2초에서 6초가 평균시간이다.
Nodding(고개 끄덕이기) - 경청하고 있다는 표시
Encourage(북돋아주기) - 질문을 하고 발성을 통해 보조한다.
Reframe(재구성) - 스스로 이렇게 묻는다. "나라면 어땠을까?"
Space(공간) - 1미터 정도 거리

SECRETS OF FACE-*to*-FACE COMMUNICATION

1

성공한 사람은
이렇게 말한다

성공한 사람은
이렇게 말한다

역사적으로 뛰어난 지도자들은 엄청난 목표를 가진 보통 사람들이었다. 물론 이런 사람들은 자신의 목표를 이루기 위해 남을 설득하는 능력도 가진 사람들이었다.

뛰어난 화술가에 대해 생각해 보라. 무엇이 그를 뛰어나게 만드는가? 대체로 이들은 매사에 긍정적인 태도를 갖고 있고 목표가 분명하며 자신의 의지대로 사람을 다루는 기술이 있다.

긍정적인 태도는 절대로 실패하지 않을 것이라는 마음가짐으로 일을 수행하는 것이다. 시작하기도 전에 실패할 것 같은 느낌이 있다면, 목소리와 행동에 그 기운이 드러난다. 헨리 포드가 말한 것을 믿어보자. "할 수 있다고 생각하든 할 수 없다고 생각하든, 모두 자신이 옳다고 생각하라."

분명한 목표는 자신의 마음속에만 있는 것이 아니라 어느 정도는 상대방의 필요에 따라주어야 한다. 자신의 목적은 곧 상대방에게도 필요한 것이어야 한다는 것이다. 사실이 그렇지 않아도 최소한 상대방이 그렇다고 믿게 하는 것이 중요하다.

사람들은 모두 자신을 위해 행동한다. 그러므로 나 자신의 의지대로 상대방이 따라주기를 바란다면 상대방에게 이득이 되는 것을 제공해야만 한다.

사람을 다루는 기술, 또는 대화술은 훈련과 지식이 있어야 마음대로 적용할 수 있다. 기본적인 기술은 자의식, 자기 제어, 동기부여, 사람들간의 차이점에 대한 이해, 남의 감정 존중하기 등이 있다.

마틴 루터 킹 2세가 다음과 같은 연설을 했다. "나는 꿈이 있습니다. 언젠가는 이 나라가 자신의 강령을 진정으로 이행하리라 믿습니다. 모든 인간은 평등하게 만들어졌다는 것이 너무 자명하다는 강령을……." 그의 미래상을 이보다 더 뛰어나게 표현할 수는 없었으리라. 그리고 그의 꿈은 이루어졌다. 마틴 루터 킹 목사의 연설은 미국이 행동하는 계기가 되었다.

– 피터

차이를 인정하라

겉으로 드러나는 행동은 한 사람의 인격 전체에서 볼 때는 빙산의 일각을 차지할 뿐이다. 겉으로 보이는 행동이 수면이라면 그 밑에는 감정, 태도, 신념, 가치관, 물려받은 성격, 개인의 경험 등이 깔려 있다.

여기에다가 성, 세대, 교육, 문화, 대화 방식 등에서 많은 차이가 또 나타난다. 이런 면에서 보면 남들이 다르게 또는 엉뚱하게 행동하는 이유를 알 수 있다. 이러한 차이를 정확하게 알수록 남들과 더욱 쉽고 적절한 방법으로 용이하게 대화할 수 있다.

히포크라테스, 아리스토텔레스, 갈레노스 등이 살던 고대 시절부터 사람들은 남의 마음을 읽고자 했고, 행동 양식을 분류하려 했다. 오늘날에는 행동 양식보다 주로 사람의 성격에 초점을 맞추고 있다. 그러나 실제 업무를 하는 직장 상사 또는 대화를 하는 사람에게 이러한 성격과 심리 분석은 쓸모가 없다. 어쨌든 심리학자들의 주된 관심사는 이러한 것들이다.

우리가 정말로 눈여겨보아야 할 점은 사람의 행동이다. 그렇다고 다른 사람을 틀에 박힌 행동 양식만 갖고 판단하려는 것은 어리석은 일이다. 오히려 개방적이고 유연한 태도로 상대방이 매순간 어떻게 변하는지 이해하는 것이 필요하다.

그럼에도 불구하고 사람의 행동을 크게 네 가지로 분류하는 방법은 판단에 많은 도움이 된다. 이러한 행동 양식을 알고 있다면 상대방의 행동에 올바르게 대처하는 것도 한결 쉬워진다.

행동 양식은 쉽게 눈에 띄는 특성으로서, 어떤 것이 더 좋거나 나쁘다고 판단할 수는 없다. 게다가 이 책에서 분류한 네 가지 행동 양식은 많은 부분 서로 중복되기도 한다. 사람은 이 네 가지 행동 양식을 다양한 상황에서 다양하게 적용한다. 스트레스를 받을 때 아니면 일이 순조롭게 될 때 또는 다른 여러 가지 상황에 따라 사람은 자신의 행동 양식을 유연하게 바꾼다.

그렇지만 사람이 애용하는 행동 방식과 이를 보조하는 행동 양식은 어느 정도 고정되어 있다. 상대방이 주로 사용하는 행동 양식을 안다면 상대방의 행동을 예상할 수 있고, 상대방이 원하는 방향으로 대답을 할 수도 있다. 게다가 상대방의 행동 양식을 이해함으로 전달 내용을 좀더 긍정적으로 받아들일 가능성이 많아진다.

남에게 영향을 끼치기 위해선 우선 상대방의 행동에 맞추어 반응하고 자신의 행동을 바꾸어야 한다. 하지만 사람은 여전히 자신과 비슷한 상대와 가장 효과적으로 대화할 수 있다. 문제는 상대방이 자신과 다를 때이다. 이때는 상대방과 자신의 차이를 아는 것이 대화에 도움을 준다.

사람은 대개 다음과 같은 두 가지 편견을 갖고 있다. 그중 하나는 내가 보고, 생각하고, 행동하는 방식만이 올바르다고 여기는 것이고, 또 하나는 타인은 나와 마찬가지 방식으로 세상을 바라보며 그렇지 않다면, 그래야만 한다고 생각하는 것이다.

그러나 서로 다른 성격을 가진 사람들은 서로 다른 욕구, 가치, 동기, 적극성, 반응 등을 갖고 있다. 이런 것을 나타내는 네 가지 행동 양식은 다음과 같다.

1. 표현하기 좋아하는 사람 : 주목받는 걸 좋아한다.
2. 적극적인 사람 : 실행력이 강하다.
3. 붙임성 있는 사람 : 쉽게 어울린다.
4. 분석적인 사람 : 매사에 빈틈이 없다.

이 네 가지 행동 양식을 나타내는 사람들을 이해하고 대처하는 방법은 각 항목에 설명되어 있다.

다시 한 번 지적하지만 어떤 행동 양식만이 올바르거나 틀리다는 건 아니다. 누구나 이런 편견적인 모습을 보일 수 있다. 단지 남을 설득하는 데는 두 가지 행동이 수반된다는 것을 알면 된다. 즉 그 순간 남의 행동을 파악하는 것과 그에 따라 적절하게 대응하는 것이다.

나는 강의를 할 때, 종종 위의 네 가지 행동 양식을 보이는 사람들을 그룹으로 나누어 5분 동안 이상적인 휴가 계획을 짜보라는 임무를 주곤 한다. 이때 나오는 결과를 보면 행동 양식이 얼마나 중요한가를 알 수 있다.

표현하기 좋아하는 사람들

이들은 대부분 목소리가 크고 거칠다. 입고 있는 옷 그대로 당장 여행을 떠나고 싶어한다. "세일하는 가게를 찾아가자! 일이 끝나는 막바지에 떠나자! 필요한 것은 도착해서 사면 되지." 이런 사람들이 모여 있다면 당장 이런 대화가 오갈 것이다. 이들의 마음은 벌써 여행을 가버렸다.

적극적인 사람들

이들은 잘 싸운다. 도대체 여행을 갈 시간조차 없다. 역시 할 일이 태산같다. 그리고 언제 여행을 갈 것인지에 대해 논쟁한다. 또한 이들은 결론에 도달하기 매우 어려운데, 이는 자신들이 모두 선두에 나서서 이끌고 싶어하기 때문이다.

붙임성 있는 사람들

이들은 어떠한 결정도 내리지 못한다. 이들은 일치점을 찾으려고 하나 상대방의 감정을 상하게 하지 않으려고 너무 조심하는 경향이 있다. 반면에 원만하게 일을 처리하며 매우 협조적이다. 어쨌든 대개는 시간 제한이 올 때까지 여행에 대한 구체적인 계획을 거의 잡지 못한다.

분석적인 사람들

이러한 타입의 사람들은 미래를 철저하게 대비하는 여행을 준비한다. 자신들이 갈 곳을 먼저 확실하게 정해놓고 항공편, 호텔 등에 대한 준비를 완벽하게 한다. 물론 여행 일정도 완벽하게 짜여져 있다. 대단하지 않은가?

이런 기준은 상대방에 대한 상을 완벽하게 그리거나 성격 분석을 하기 위한 것이 아니다. 오히려 그러한 타입의 상대방과 대화를 원활하게 하기 위함이라는 것을 염두에 두어야 한다.

> 몇 년 전, 사소한 일로 직장 동료인 로리와 자주 다투었었다. 그녀는 모든 일에 대해 자세한 사항까지 알고 싶어했고 이것은 나의 일을 더디게 만들었다. "일단 뛰어든 후에 배우자"가 나의 신조였고, 나는 이것이 로리의 신중한 접근법보다 더 낫다고 생각했다. 로리가 6하 원칙에 따라 모든 것을 물어볼 때마다 나의 작업은 늦어졌다. 물론 우리 모두가 올바른 생각을 하고 있었다. 사실관계도 중요하지만 너무 그것에 얽매이면 넓게 바라보기 힘들다.
>
> 서로 다른 개성의 사람들은 서로서로 다른 점들을 지적함으로써 결국 생각을 다양하게 만들고, 서로의 성장을 도와준다. 이 사실을 로리와 함께 있을 때 알았더라면 큰 도움이 되었을 것이다.
>
> 기억해둘 것! 사람들은 상대하기 어려운 것이 아니라 성격에 차이가 있을 뿐이다.
>
> — 로버트

표현하기 좋아하는
사람과의 대화법

표현하기를 좋아하는 사람은 언제나 화제의 중심에 있다.

이들은 대부분 자신의 생각을 표현하는 데 주저함이 없기 때문에 달변가로 통한다. 남을 설득하는 능력 또한 탁월하며 일을 할 때에는 임무보다 인간 관계를 중요하게 생각하는 면이 있다. 또 태도가 싹싹하며, 협조적이고, 사회 생활에 적응을 잘 한다. 이들은 그룹에 속해 있는 것을 좋아하며, 그 그룹이 추진하는 것이라면 무엇이나 적극적으로 참여하고 특히 새롭고 신나는 경험을 하는 것을 즐긴다. 그리고 늘 의욕적으로 생활하며 사교적인 태도로, 남에게 영감을 주는 기운 등으로 가득 차 있다.

반면에 이들의 약점은 성미가 급하고, 자신의 생각이 옳다고 믿는 것 때문에 남의 이야기에 귀를 기울이지 않으려는 경향이 있다. 조금은 이기적이고 비이성적인 행동을 보이는 것도 이 때문이다.

이들은 쉽게 정보와 인생 경험담을 남과 교환한다. 이들의 주된 관심사는 남에게 칭찬받고 소속감을 갖는 것이다. 그리고 사람들이 자신을 인정해 주는 것에 대해서 즐거움을 얻는다. 반면에 고독에 처하거나 무관심한 태도에는 쉽게 상처를 입는다.

표현하기 좋아하는 사람과 대화할 때는 무엇보다 인간적으로 친밀한 관계를 형성하는 것에 중점을 두어야 한다. 말할 때는 의욕적이고 개방적인 마음가짐으로 앞장서는 모습과 의지를 보여주는 것이 좋다. 어떤 경우에도 따뜻하고 친근하게 다가서야 한다.

사무실 풍경1

간단히 말해서 엉망이다. 이들은 격언을 좋아하고 이것을 벽이나 책상에 덕지덕지 붙인다. 서류는 절대 서류철에 들어 있지 않다. 대신 사무실 곳곳에 서류가 산처럼 쌓여 있다. 하지만 특정 서류를 찾기 힘들 것이라는 생각은 오판이다. 이들은 어떠한 서류가 어느 곳에 있는지 정확하게 알고 있다. 사무실의 색깔은 매우 화려하고 생동감이 있다. 화초가 있겠지만, 아마도 시끄러운 말소리에 스트레스를 받아서, 또는 물을 주지 않아 오래 전에 죽었을 것이다. 이들은 남이 자신의 성과를 인정해 주는 것에서 최대의 만족감을 얻기 때문에 그러한 것을 나타내는 것이라면 분명히 사무실에 놓았을 것이다.

결론적으로 이들은 신나는 몽상가로서 수많은 아이디어와 프로젝트를 머리 속에 두고 있지만, 자신이 생각하는 모든 것을 이룰 시간이 늘 턱없이 부족하다.

- 피터

적극적인 사람과의 대화법

이야기를 나누어야 하는 상대가 어떤 성격의 사람인지 파악할 수 있다면 상대방의 행동에 따라 적절한 방법으로 대응하는 능력도 생긴다.

적극적인 사람은 성취도가 높다. 행동파이며 남에게 명령하기를 좋아하고 모험심이 강해 위험한 상황이 생기는 것을 두려워하지 않는다. 이런 사람들은 대체로 성격이 외향적이고 결단력이 있어 일을 할 때에도 단도직입적인 태도로 처리한다. 일의 방법에 대한 자신의 의견을 당당히 말하며, 설득력까지 갖추고 있다. 또한 인간 관계보다 성과를 중시하며 당장 결과가 나오길 바란다.

이들은 업무가 어떻게 처리되는가 하는 것보다는 결과에만 치중하는 경향이 있다. 이들은 '무엇'이라는 말을 입에 달고 다니는 것을 볼 수 있다. "무슨 일이야? 뭘 하고 있어? 무엇을 해야지!"

대부분 적극적인 사람들은 성격이 고집불통이며, 거만하고, 조급하며, 무신경하다. 겉치레와 공치사는 거의 할 줄 모른다. 또한 명령조로 자기 주장만 내뱉고 이에 대해서는 강경하다. 더 나아가 오만하고 차가우며 거칠기까지 할 때가 있다.

사무실 풍경2

전망 좋은 창이 두 개나 있는 자리겠지만, 이들은 절대 창 밖을 둘러보지 않는다. 벽에 걸린 그림은 전장, 지도, 배 등이다. 이들은 동시에 여러 가지 일을 할 수 있다. 즉 서류에 서명을 하면서, 인터뷰를 하고, 전화통화를 할 수 있는 능력이 있다. 가구는 권력과 조종의 냄새가 풍기는 것들이다. 살 수 있는 가구 중에서 당연히 가장 비싸고 멋진 것이 구비되어 있다.

화초, 특히나 부와 권력을 상징하는 귀한 난이 있을 수도 있다. 그러나 이런 사람들은 절대로 화초를 직접 돌보지 않는다. 이것을 돌보는 사람은 따로 있기 때문이다. 책상에 가족 사진이 있을 수도 있지만, 이것은 절대 스냅 사진이 아니다. 가족의 구성원 모두 딱딱한 자세로 서 있을 것이다. 사무실 공간은 권력이 암시될 수 있도록 인테리어 디자이너를 초빙하여 꾸몄을 것이다. 사무실의 주요 색깔도 매우 강한 느낌이다. 그는 무뚝뚝하고 거칠게 사업에 집중한다. 시간을 허비하지 마라! 요점을 잡아라!

- 피터

이들의 주된 관심사는 권력을 얻는 것과 다른 사람을 조종하는 것에 있다. 다른 사람에게 존경받는 것을 매우 중요하게 생각하기 때문에, 존경을 받지 못하거나 결과가 없고 남이 자신을 이용하고 있다는 느낌이 들면 고통스러워한다.

이런 사람들과 대화할 때는 우선 상대방의 마음을 존중해주어야 한다. 임무에 집중하고 예상되는 결과에 대해 말해주는 것도 좋은 방법이다. 업무에 대한 설명은 가능한 간결하게 요약해서 전달하는 것이 효과적이다. 세부적인 사실을 따지지 말고 상대방이 주로 던지는 이야기와 관련된 질문을 논의하고 대답을 이끌어나가도록 한다. 그에게 선택권을 제시하는 것이 좋은 결과를 얻는 방법이 될 수도 있다.

붙임성 있는
사람과의 대화법

붙임성 있는 사람의 특징은 매사에 헌신적이고, 일관되며, 충성스럽다는 것이다. 이들은 매우 열심히 일하고, 남들이 포기한 것도 끈질기게 노력하여 좋은 결과를 얻고자 한다. 또한 타인과 협력을 잘하고, 쉽게 도와주며, 친해지기 쉽고, 신용이 있으며, 섬세하고, 남의 말을 경청한다.

그리고 주변 사람들과 협조를 잘 하며 남들과의 충돌을 되도록 피하려 한다. 또한 동료가 주위에 있는 것을 좋아하며, 안정적인 환경에서 최고의 성과를 낼 수 있다. 그래서 이들은 남들에게도 안정감을 주는 장점이 있다.

하지만 붙임성 있는 성격을 가졌다고 해서 좋은 점만 있는 것은 아니다. 이들은 어떤 일에 대해 쉽게 결정을 내리지 못하고, 위험을 무릅쓰지 않으려고 하는, 다시 말하면 모험심이 부족한 단점이 있다.

또 남들에게 필요 이상의 신경을 쓰며, 순응적이고, 수동적이며, 너무 조용한 면이 있다. 그리고 자신의 권리를 위한 일인데도 잘 나서지 않는 경우가 많고, 너무 순종적이고, 과잉 친절을 베풀며, 결정을 내리는 과정이 지독하게 느린 면도 있다.

붙임성 있는 성격을 가진 사람들은 대부분 안정된 환경과 협력을 좋아하는 반면에 변화와 혼돈을 싫어한다. 이러한 사람들과 대화할 때는 다음 사항을 기억해야 한다.

사무실 풍경3

이 사람들의 사무실에 들어갈 때 가장 먼저 보이는 것은 그들이 사랑하는 남편 혹은 부인 아니면 가족이나 애완 동물 등의 사진이다. 이들은 솔직하며, 자신에 대하여 말하는 것을 즐긴다. 벽은 풍경이나 폭포, 새, 일몰 등 자연을 찍은 사진이 보통 걸려 있다. 화초가 무럭무럭 자라고 있을 것이고, 사무실의 색깔은 조화롭고 편안하다. 아마 이들이 입은 옷도 비슷한 색일 가능성이 높다. 가구는 멋지지만 너무 튀는 스타일은 아니다. 서류는 사무실에 있지만 보이지 않는 곳에 잘 정리해 둔다. 시간 약속에 조금 늦더라도 이들은 개의치 않는다. 당신이 이들과 함께 있다면, 이들은 기꺼이 끝까지 함께 있어주려 할 것이다. 그리고 이들은 소풍, 모임, 퇴직 파티 등을 좋아한다.

― 피터

안정적인 면을 중요하게 생각하는 만큼 대화를 시작할 때는 부드러운 분위기를 만들어주어야 한다. 대화가 자연스럽게 이루어지면 전달하고 싶은 메시지를 분명하게 이야기한다. 또한 무조건 내 의견만을 앞세우기보다는 상대방의 의견에 귀를 기울이는 것이 필요하다. '우리'라는 말을 자주 써주고, 강요하거나 서두르기보다는 서로를 이해할 수 있는 공감대를 형성할 수 있다면 붙임성 있는 사람과의 대화는 좋은 결과를 얻을 수 있을 것이다.

분석적인 사람과의 대화법

매사에 분석하기를 좋아하는 사람도 앞에서 언급했던 네 가지 행동 양식 중의 하나이다.

이들은 친절하지만 조심성이 많고, 논리적이어서 사실에 근거하여 말하고, 인간관계보다는 업무를 중요하게 여기며 행동한다. 이들은 정확성과 완벽성을 추구한다. 이들의 장점은 인내심이 많고 성실하며, 신중하게 행동하고, 체계적인 접근방식을 선호한다.

반면에 이들의 단점은 대체로 내성적인 성격이 많아 늘 조용하며 사소한 일에도 쉽게 상처를 받는 경향이 있고 시무룩해 보일 때가 많다는 것이다. 이들이 우유부단한 것으로 보인다면, 그것은 아마 결정에 필요한 모든 정보를 모으고 있기 때문일 수 있다. 그리고 이들은 모든 일을 너무나 완벽하게 처리하려고 하는 경향이 있어 상대방을 답답하게 하는 경우도 있다. 또한 위험을 감수하는 행동은 절대로 하지 않는다.

이런 사람들의 또 하나의 특징은 매사에 올바른 것을 추구하며, 분명한 결단이 서기까지는 남들과 개방적으로 토론하지 않는다는 것이다. 왜냐하면 모든 일을 대할 때 정확한 결과를 얻으려고 하지만, 자신의 의견이나 결론이 틀리거나 비판받는 것은 극도로 싫어하기 때문이다.

분석적인 사람들과 대화할 때는 다음 사항을 참고해야 한다.

우선 인간적인 관계를 내세운 접근보다는 업무 중심으로 대화를 시작하는 것이 좋다. 또한 내가 전달하고 싶은 내용에 대해 체계적이고, 철저하게 설명을 해주어야 한다. 상대방이 확신을 얻을 수 있을 때까지 반복하여 설명하는 것도 좋은 방법이 될 수 있다.

사무실 풍경4

가장 먼저 눈에 띄는 것은 안경이다. 이들은 많은 자료를 읽느라 시력이 나쁠 가능성이 높다. 액자 안에 학위가 있을 수도 있겠지만, 벽을 장식하는 것은 주로 다양한 종류의 도표, 도안, 그래프 등이다. 이들은 그다지 친절한 편이 아니며, 의심스런 눈초리로 상대방을 맞이하고, 특히 사생활에 대해서는 결코 남에게 말하는 법이 없다. 이런 사무실에 화초 같은 것은 있을 리 없다. 이들에게 화초는 온실에 있어야 하는 것이기 때문이다. 책상 위에는 업무와 관련된 것만이 가지런히 놓여 있다. 강한 인상을 주는 사무실은 아니지만, 실용적인 사무실임에는 틀림이 없다. 색은 주로 흑백의 조화가 눈에 띈다.

— 피터

직장 상사도
같은 사람이다

사회생활을 한다는 것은 다른 사람들과 어울려야 한다는 것을 뜻한다. 누구나 사회에 첫발을 내딛게 되면 어느 정도 자리를 잡을 때까지 누군가의 지시를 받고 생활하게 될 것이다. 직장 상사는 굉장히 다양한 부류가 있지만, 그들이 하는 말은 언제나 동일하다. 직장 상사와 대화하는 법이 자신의 업무 평가, 임금, 경력 등에 엄청난 영향을 줄 것이다. 직업이 무엇이든 직장 상사의 승진을 돕는 것이 그 직업에서 당신이 가진 유일한 목적이 될 수도 있다. 거기에 집중하면 해야 할 일을 다한 것이나 마찬가지이다.

직장 상사의 실제 모습과 상관없이 무조건적으로 상사를 두려워하는 사람들이 있다. 권력이 있는 사람은 타인에게 두려움과 경외감을 준다. 그런데 자신에 대하여 더 자세히 알면 알수록, 자신이 남들보다 뛰어나진 않을지 몰라도 결코 뒤떨어지지 않는다는 것을 깨닫게 된다.

　직장 상사와 대화를 할 때는 해결책을 강요하는 식으로 문제를 내밀지 말고, 제안하는 식으로 꺼내는 것이 좋다. 좋든 나쁘든 모든 정보를 공유하도록 하고, 정보의 출처, 근거, 책임, 보고 일정, 예상 결과, 마감 등을 분명하게 한다. 또한 상사의 결정을 감정적으로 받아들이지 않는 것도 무척이나 중요하다.

> 직장 상사는 단지 권위가 '위임' 된 사람일 따름이다. 자신에 대해서 더 많은 것을 알게 될 때, 직장 상사와 부하 직원들을 적절하게 대할 수 있게 된다.
>
> － 피터

주제에
집중하라

언제든 상대하기 어려운 사람을 만날 수 있다. 피할 수 있는 상황이 아니라면 상대방과 함께 할 수밖에 없다.

무조건 자신의 의견이 옳다고 고집하는 사람은 자신이 선택한 방법 외에는 다른 길을 선택하려 하지 않는다. 이런 사람들이 반드시 공격적인 것은 아니지만, 대체로 행동이 빠르고, 결단력이 있으며, 빠른 시간 안에 결과를 얻기를 원한다. 이런 타입의 사람들과 상대하는 방법은 두 가지밖에 없다. 즉 적극적으로 따르거나 완전히 무시하는 것이다.

이런 사람들과 대화할 때는 우선 침착한 상태를 유지하며, 눈을 적당히 맞추어주고, 숨을 고르게 쉰다.

내 이야기만을 늘어놓는 것보다는 상대방의 말을 들어주고, 그들이 중요시하는 점에 신경을 써야 한다. 또한 짧은 시간에 핵심을 찌르고, 상대방이 결정할 수 있도록 선택권을 준다. 싸움은 가능한 피하는 것이 유익하다. 상대방은 절대 물러서지 않을 것이다. 가능하다면 상대방이 결론을 내릴 수 있도록 한다.

사람들은 행동을 보고 남을 판단한다. 속내는 멋질지 모르지만, 그것은 밖으로 표출되지 않으면 의미가 없다.

아버지는 단도직입적인 사람이었는데, 나는 때로 그를 이해할 수 없었다. 아버지는 절대로 말을 돌려서 하지 않았다. 또한 무엇을 부탁할 때도 언제나 명령조였다. 내가 아버지의 태도나 방법에 항의할 때도, 그는 절대로 자신의 뜻을 굽히지 않았다. 아니 오히려 그의 뜻은 더욱 굳건해져서, 원래의 의도를 관철시키고야 말았다.

이런 타입의 사람과 대화를 할 때는 괜히 겁먹을 필요가 없다. 대화의 주제에 집중하라!

– 로버트

협조를 이끌어내는 지혜

남들과 함께 일하면 혼자서는 절대 알 수 없는 사실을 발견할 수 있다. 협조는 하나의 전체보다 부분의 합이 더욱 크다는 것이 특징이다. 둘 또는 그 이상의 사람들이 공동체와 전체의 결과를 위해 사익을 제쳐두고 공동으로 행동하는 것을 협조라고 한다. 협조의 결과는 대개 개인들이 각각 행했다면 도출될 수 없는 결과물을 내놓는다. 그리고 이는 개인이 따로 흩어져서 만든 것보다 뛰어난 경우가 많다.

한 팀에서 서로를 너무 잘 알고 있을 때 일어나는 사고방식을 집단사고라고 한다. 이들은 더 이상 서로 충돌을 일으키거나 질문하지 않는다. 이는 언뜻 보면 이상적으로 느껴질 수 있다. 하지만 이들의 문제는 바로 충돌과 다양성이 더 이상 없다는 데에 있다.

최고로 뛰어난 아이디어는 다양성, 그리고 일반적인 기준에 반항적이고 나아가 대안을 제시하는 사고방식에서 탄생한다. 집단으로써 행동할 때는 모든 종류의 차이를 인정해야 한다. 오히려 그러한 점이 더욱 부각되도록 하는 것이 좋다. 다른 사람과 일을 할 때는 충돌을 예상할 수 있지만, 바로 이것이 생각을 자극하고, 주제에 사람들을 집중시킨다. 자신과 다른 생각을 하는 사람이 주위에 있는가? 한 가지 제안을 해보라고 물어보자. 아마 그 이상을 얻을 수 있을 것이다.

한 걸음 더 나아가기 위해

"단 한 가지만 제안한다면 무엇이 있을까요?" 이것은 내가 생각해 낸 질문 중에서 가장 현명한 것이다.

의견을 물어보면 상대방의 감정을 상하게 할까봐 말을 하지 않는 경우가 더러 있다.

언젠가 나로서는 썩 마음에 들지 않은 내 제안에 대해 남의 자문을 구한 적이 있었다. 그는 좋다고 말했다. 나는 직접적으로 따지지 않고 다음과 같이 질문했다. "여기에 한 가지 더 추가한다면 무엇이 좋을까요?" 그는 세 가지 방안이나 내놓았고, 우리는 훨씬 더 좋은 안을 짜낼 수 있었다.

– 로버트

더 심한 사람이
승리한다

매사에 불평불만이 많은 사람들을 만나게 되면 누구나 당황하게 된다. 대화를 좋은 방향으로 이끌어나가려 해도 이런저런 이유를 대며 쉽게 따라오려하지 않기 때문이다.

"좋은 집안의 사식, 이성적인 인간 등에게 절대로 꺼내서는 안될 주제가 있다. 그것은 바로 그들의 건강하지 못한 신체이다. 두통, 좌골 신경통, 나병, 낙뢰 등의 증상이 있어서 불면증에 시달렸든, 아니면 숙면을 취했든 상관없이 당신들에게 모든 천사의 이름으로 간청한다. 제발 궁시렁대지 말고, 아침의 고요함을 즐길 수 있게 해달라." 랄프 왈도 에머슨이 한 말이다. 이것은 그의 경험에서 우러나온 말이다. 실제로 불평불만이 많은 사람들은 불평을 하면 일이 해결된다는 것을 알고 있다.

이런 사람들과 대화할 때는 다음과 같은 점을 주의하라!

- 동의하지 않은 채로 이야기를 듣는다.
- 요점을 말할 수 있게 상대방을 도와준다.
- 일반화시키지 말고, 구체적인 방법으로 말할 수 있도록 한다.
- 그들이 말한 것을 요약한다.
- 해결책을 요구한다. 상대방이 결정을 할 수 있도록 유도한다. 또는 자신이 할 수 있는 것과 할 수 없는 것을 설명하고, 상대방에게 할 수 있는 것 중에서 고르도록 한다.
- 상대방이 생각하는 그대로 행동하게 되면 어떠한 결과를 초래하게 될지 설명한다.

두 명이 불평하고 있는 대화에 세번째 불평꾼이 끼어드는 이유는 언제나 그 둘을 이기기 위해서이다. 불평꾼들이 모이면 재미있는 일이 벌어진다. 한 번은 작가, 미술 감독, 예술가가 모인 적이 있었다. 미술 감독은 자신의 봉급이 적어서 주머니에 구멍이 날 정도라고 불평하며 실제로 자신의 바지 주머니를 밖으로 보여주어 사실을 확인시켰다. 또한 예술가는 돈을 적게 받아서 신발에 구멍이 났다고 하며 신발을 들어 보였다. 이때 작가가 껴들었다. "그건 아무것도 아니지." 그는 표면의 번호가 닳은 신용카드를 꺼냈다. 그리고 이렇게 덧붙였다. "그리고 난 주머니와 신발 모두에 구멍이 났어."

– 로버트

공감대를
만들어라

사람은 자연스럽게 남이 아닌 자신을 위해 행동한다. 그러므로 상대방이 원하는 것을 알아차리고 그에 따라 자신의 행동을 결정하는 것은 중요하다. 이렇게 상대방을 배려하는 행동을 통해 파트너와 자신을 연결시킬 수 있다. 사람들은 남이 신경 써준 만큼 남에 대해 신경 쓴다. 상대방에게 연결된 모습은 그만큼 상대에게 신경을 쓰고 있다는 반증이다.

서로 긴밀한 관계가 유지되었다고 해서 꼭 서로를 좋아하게 되는 것은 아니다. 아니, 서로를 좋아하는 것은 연계 활동과 상관이 없다. 서로 싫어하는 사이라 해도 상대방 자체에 관심을 두지 않고 결과에만 집중한다면 효과적인 의사소통은 가능하다.

다만 상대방과 긴밀한 관계를 유지하면 조화와 신뢰감을 만들어내어 서로를 이해하는 데 도움을 준다.

이러한 관계는 다양한 차원에서 이루어지는 활동을 통해서도 이루어진다. 어떤 장소, 색깔, 그림, 음악, 책 등에 흠뻑 빠진 적이 있는가? 이는 그것과 자신이 연결된 것이라고 보아도 무방하다. 무생물조차 사람을 감동시키는 힘이 있다. 사람과의 관계도 이와 마찬가지이다. 그리고 남에게서 감동을 받을 뿐만 아니라 상대방에게 감동을 줄 수 있는 것이 인간 관계이다.

상대방과 연결이 되었다는 것을 어떻게 알 수 있을까? 그것은 본능적으로 알 수 있다.

누구나 파트너의 말에 마음의 상처를 받았던 기억이 있을 것이다. 대화의 내용이 문제였을지 모른다. 아니면 대화의 방식이 문제였을지도 모른다. 또는 상대방의 신체 언어가 왠지 나를 언짢게 하고 긴장하게 만들었을지도 모른다. 이러한 의문은 연결되었다는 느낌이 신뢰를 확인하는 것임을 무의식적으로 느끼는 현상이다.

만약에 자신이 편안하다고 느끼면 상대방도 비슷하게 느낀다. 어렵고 불편하거나, 대화가 부자연스럽고 상대방과 보조를 맞추는 것이 힘들다면 연결이 이루어지지 않은 것이다. 그럴 경우 파트너도 마찬가지로 느낄 가능성이 높다.

연결을 위해 사용하는 기술은 상대방의 습관과 행동을 따라하는 것에서 출발한다. 이것은 과장되지 않은 채 물밑에서 이루어져야 한다. 과도한 것은 부족한 것만 못하다. 그리고 파트너에게서 보이는 차이점을 느끼고 거기에 유연하게 대처해야 한다.

먼저 상대방의 감정과 정신 상태에 집중한다. 상대방이 쓰는 단어, 목소리, 신체 언어를 잘 관찰하여 따라한다. 그러나 귀찮거나 자신을 산만하게 하는 요소는 무시한다.

상대방과 진정으로 긴밀한 관계가 연결되었는지 알아보기 위해 다음과 같이 시험해보자. 자신이 대화를 이끌고, 파트너가 그 말, 자세, 행동 등을 따라하는가? 그렇지 않다면 그렇게 될 때까지 상대방이 대화를 이끌도록 한다.

신뢰가 열쇠다

남편 또는 부인과 처음 사랑에 빠졌을 때를 떠올려보라! 모든 감각이 서로에게 연결된 느낌이었을 것이다. 불행히도 결혼을 한 이후까지 이런 연결이 끝없이 이어지지는 않는다! 오래 지속되는 긴밀한 관계는 신뢰를 바탕으로 이루어진다.

의사소통의 연결은 매번 의사소통을 할 때마다 다시 맞추어야 한다. 그리고 이것은 어떠한 대화, 어떠한 관계에서도 계속 유지가 되어야 한다.

— 피터

공감대를 만들어라

비판받는 것을
두려워하지 말 것

내가 한 어떤 행동이나 말에 대해 비판을 받게 될 경우, 상대방의 비판이 적절한 경우가 있는 반면, 그렇지 않은 경우도 있다. 이것은 자신이 비판을 받거나, 그것을 이해하지 못하면 알 수가 없다. 비판하는 상대의 말을 끊으면 더 이상 피드백을 받지 못하고, 심하면 관계가 악화될 수도 있다.

비판을 받아들이기 위해서는 개방된 사고방식과 수용하는 태도를 갖는 것이 필요하다. 상대방이 하는 비판을 듣고 그 내용을 요약하여 이해하면 상대방에 대해 섣부른 판단을 내리지 않게 된다. 또한 비판을 받고 그에 따라 행동하려 한다면 상대방에게 평가를 요청한다.

열린 태도로 받아들이는데도 불구하고 비판의 정도가 심하다면, 그가 비판하는 근거와 수준에 대해 의심해본다. 아무리 이성적이고, 수용적이며, 편안한 마음가짐으로 비판을 받아들여도 가끔은 자신에게 일침을 가하는 상대가 눈앞에서 사라졌으면 하는 생각이 든다. 그런 상황이 닥치면, 상대방이 하는 말의 내용에만 집중하고, 다른 부분은 머리 속에서 지워버리자. 과도하게 참을 필요는 없다. 상대가 보이지 않는 곳에 가서 화를 풀고 깨끗이 잊는다.

전에 토론토의 라이어슨 폴리테크닉 대학교에서 대중 연설을 강의한 적이 있었다. 나는 앞에 설명한 비판을 받아들이는 법을 학생들에게 가르쳤다. 그 수업이 끝나자, 수업을 제대로 듣지도 않던 한 학생이 일류 캐나다 대학에서 내가 가르칠 자격이 있는지 따졌다. 나는 머리카락이 곤두설 정도로 분노가 치밀었고, 그 학생에게 주먹을 날리고 싶은 심정이었다. 특히 바로 전에 비판을 너그럽게 받아들이는 법을 강의했기 때문에 더욱 화가 났다.

이렇게 예고 없이 당하거나, 약점이 들춰지면 감정적으로 받아들이지 않기가 거의 불가능하다. 아무리 자기 조절을 잘하더라도 사람은 감정이 상한 경우, 바로 상대에게 같은 상처를 주고 싶은 충동에 빠진다.

— 피터

비판받는 것을 두려워하지 말 것

뭐든지 잘하는 사람,
잘하는 척하는 사람

주변을 살펴보면 모든 면에서 뛰어난 사람은 분명 존재한다. 머리도 좋고 외모가 출중하며, 성격까지 좋은 사람은 주변 사람들에게 좋은 영향력을 끼친다. 그렇지만 자신이 모든 면에서 뛰어나다고 생각하는 사람들 중에는 편견이 심하고 생색내길 좋아하며 속이 좁은 사람도 있다.

또한 실제로는 아는 것이 없으면서 아는 척하는 사람도 주변에는 얼마든지 있다. 이런 사람들은 다른 사람의 관심을 끄는 것을 매우 중요하게 생각한다. 이런 사람들과 대화할 때는 다음과 같은 점을 유념하는 것이 좋다.

뭐든지 잘하는 사람과 말하기
● 정확한 사실에 대하여 말한다.
● 대답보다 질문을 많이 한다.

- 가정을 비판할 때, 가설을 세운다.
- 상대방의 말을 제대로 들어준다.
- 상대방이 뽐내거나 트집잡는 식으로 나온다면 과감히 맞선다.
- 자존심을 내세우지 말고 상대방의 의견을 듣는다.

뭐든지 잘하는 척하는 사람과 말하기

- 상대방이 원하는 대로 관심을 듬뿍 쏟는다.
- 구체적인 근거를 요구한다.
- 사실을 밝혀준다.
- 창피를 주지 않는다.
- 다른 근거와 의견을 참조한다.

아는 것이 문제가 아니라, 안다고 믿는 것이 문제다!

-마크 트웨인

뭐든지 잘하는 사람, 잘하는 척하는 사람

자신을
마케팅하자

대화술에 관한 책에서 엉뚱하게 마케팅에 관해 언급한다고 생각할지도 모르겠다. 하지만 대화를 하는 것은 사실 자신과 자신의 생각을 상대방에게 '마케팅' 하는 것이다. 마케팅의 범위를 확장하면 의식적인 마케팅과 무의식적인 마케팅으로 나눌 수 있다.

의식적인 마케팅은 자신의 생각을 알리기 위한 모든 과정을 수반한다. 그러나 무의식적인 마케팅은 자신이 말을 꺼내기도 전에 상대방이 하는 평가에 영향을 주는 부분이다.

마케팅이란 자신이 누구인지 표현하는 것이고, 자신이 무엇인지 정의내린 후에 자신의 가치를 상대방에게 인식시키는 것이다. 마케팅이 그저 회사에 대한 좋은 이미지를 널리 심어주는 것이라고 생각하면 오산이다. 마케팅은 자신에 대한 좋은 이미지를 알리고, 남들이 자신에 대해 갖고 있는 생각을 변화시키는 것이다.

세계 최고로 인정받은 두 명의 화가를 비교해보자. 빈센트 반 고흐와 파블로 피카소의 그림은 현재 전 세계인의 사랑을 받고 있다. 오늘날 그들의 그림은 수백만 달러를 호가한다. 그들은 자신의 분야에서 가장 유명한 거장들이다. 그렇다면 그들이 살아 있을 때는 어땠을까?

반 고흐는 그야말로 그림의 천재였다. 하지만 그는 매우 내성적이었고, 수줍음을 많이 탔다. 그래서 남들과 대화하는 것도 어려워했다. 결과적으로 그는 대화에 실패하고, 자신을 알리거나 자신의 작품을 팔 수 없었다. 그는 죽을 때조차 절망감에 빠져 있었고, 언제나 빈궁했다.

반면에 피카소는 양쪽 모두에 능했다. 그는 자신을 표현하고 드러내는 것을 겁내지 않았다. 그는 튀기 위해 자주 커다란 모자를 쓰곤 했다고 한다. 그야말로 연예인이라고 할 수 있다. 그렇게 해서 그는 자신의 작품을 비싼 값에 팔 수 있었다. 그의 화풍은 급진적이었지만, 뛰어난 대화법으로 살아 있을 당시에도 성공할 수 있었던 것이다.

자신을 잘못 마케팅할 수 있다. 또는 잘 마케팅할 수도 있다.
그러나 마케팅하지 않을 수는 없다.

- 피터 어스 벤더와 조지 토록

　　　　　　　　　　　　　　자신을 마케팅하자

긍정적인 면을
강조하라

무지와 독선은 함부로 비판할 수 없는 성질의 것
이다. 이것은 무지와 독선에 반대되는 생각이 그 사람 안에서 자
라야만 물리칠 수 있다. "무지하고 독선적인 경향이 있는 사람들
은 토론을 싫어한다." 100년 전에 액튼 경이 한 말이 아직도 유효
하다는 것을 알 수 있다.

태어날 때부터 부정적인 사고방식을 가진 사람은 없다. 이것은
경험을 통해 얻게 되는 것이며, 대개 직장에서 그 싹이 튼다. 부정
적인 사람의 가장 큰 문제점은 '만약에 이렇게 한다면 어떻게 될
까?'라는 사고를 절대로 하지 않는다는 데에 있다.

이것은 '폴리아나 사고법'이라고도 부른다. 더욱 나쁜 상황은
이들이 절대로 변화를 원하거나, 변화에 도움을 주지 않는다는
사실이다. 부정적인 사람들 대부분은 문제점을 환경의 탓으로 돌
리고, 자신은 그 환경에 어떠한 영향도 줄 수 없다고 생각한다.

이런 사람과 상대할 때는 무엇보다 인내심을 갖고 대하는 것이 중요하다.

부정적인 인간형을 상대하는 몇 가지 방법

- 최악의 시나리오를 타개하기 위해 이들의 능력을 사용한다.
- "만약에 이렇다면 어떻게 될까?" 게임을 통해 해결책을 찾을 수 있도록 도와준다.
- 부정적인 기운이 다른 사람에게 영향을 주지 않도록 막는다. 이것은 적극적인 사고방식보다 훨씬 더 전염성이 강하다.
- 일반적인 경우가 아닌 구체적인 근거로 행동한다.
- "할 수 있는 것"과 "할 수 없는 것"의 리스트를 만들어 그들이 그 중에서 선택할 수 있도록 한다.
- 그들이 할 수 있는 것에 대한 약속을 받는다.
- 불행한 인생에서 빠져나올 수 있도록 도와준다. 그리고 삶의 즐거움을 찾도록 도와준다.
- 그들의 능력을 아예 사용하지 않거나, 그들로부터 구체적으로 이끌어 낼 수 있는 행동을 정확하게 명시한다.

직장 내에서 부정적인 사고방식을 가진 직원들은 대체로 과거에 집착하는 경향이 있다. "그렇게 한 적이 없는데요?"라는 말은 그들이 자주 사용하는 말이다. 그리고 이를 받쳐주는 논리도 불분명한 경우가 많다. 이런 반응은 과거에 있었던 변화가 뚜렷한 성과를 보여주지 않았기 때문에 앞으로 다르게 하더라도 성과가 없을 것이라고 믿기 때문이다. 이런 상황에 부딪치면 대화는 다음과 같

긍정적인 면을 강조하라

이 진행할 수밖에 없다.

● 낙관적인 사고를 하고, 맡은 바 임무를 다 한다.

● 과거에 있었던 변화가 어떠한 성과를 가져왔는지 설명한다.

● "만약에 이렇게 한다면 어떻게 될까?"식의 사고법을 주입시킨다. "이 것이 가능하지 않을 것이라고 생각할 수도 있다. 하지만 만약에 가능 하다면 어쩔 텐가? 그러면 무엇이 달라질까?" 이런 식으로라도 가능 한 면을 알려주고 나면, 그들이 과거에 집착하는 경향을 버리고 미래 에 대하여 낙관적으로 생각하는 데에 도움이 된다.

> 나는 과거에 부정적 인간형을 멀리해야 한다고 생각했다. 요 즘은 부정적인 사람에게서 최대한 멀리 떨어져야 한다고 생각 한다. 왜냐하면 부정적인 사고는 전염성이 있으며, 한 번 당하 고 나면 죽음에 이를 정도이다.
>
> – 피터

먼저
마음을 열어라

똑같은 일을 놓고 얘기할 때 어떤 사람들은 모든 상황을 긍정적으로 보고, 어떤 이들은 부정적으로 본다. 이것은 관점의 문제이다. 상호 간에 존중을 하고, 동료들이 능력과 신용을 갖추었다면 긍정적인 관계를 형성하기 쉽다. 하지만 그렇지 않다면 어떻게 해야 하는가? 만약에 상대방이 싫다면? 상대방이 당신을 싫어한다면? 그럼에도 불구하고 사업상 함께 일을 해야만 한다면 어떻게 할 것인가?

무엇보다 가능한 상대방의 긍정적인 면을 찾아내도록 노력해야 한다. 알고 보면 정말로 나쁜 사람은 드물다. 그리고 먼저 상대방에게 다가가는 것이 좋다. 두 사람이 서로를 심하게 싫어할 때, 이 것을 해결할 수 있는 가장 좋은 방법은 한 사람이 먼저 화해를 청하는 것이다. 상대방이 먼저 고개를 숙이기를 기다리지 말자.

몇 년 동안 나는 동료 직원 린다와 앙숙이었다. 나는 그녀의 교활함을 참을 수가 없었다. 반면에 그녀는 나의 노골적인 태도를 싫어했다. 이러한 감정의 골은 일터의 분위기를 망쳐놓았고, 우리의 동료와 친구들마저 고통을 겪어야 했다. 나는 남들이 왜 그녀의 능력을 높이 사는지 이해할 수 없었다. 그녀도 마찬가지로 나의 존재 가치를 인정할 수 없었다. 새해가 다가왔고, 나는 그녀와의 관계를 해소해야 한다고 결심했다. 이런 상태로 계속 있을 수는 없었다.

그래서 나는 미운 감정을 참아내고, 1월 2일 그녀에게 다가갔다. "오랫동안 당신에게 고통을 주어서 미안합니다. 이제 새해인데, 불필요한 악감정은 버리고 싶군요. 어떻게 생각하십니까?"

그녀는 처음에 나의 제안을 받아들이지 않았다. 그녀는 나를 믿지 못하겠다는 표정을 지었다. 하지만 나는 악감정을 버리기로 결심했기 때문에 그녀를 이전과는 다르게 대하기 시작했다. 그녀는 여전히 의구심을 가졌지만 그래도 천천히 나에 대한 적대감을 버리기 시작했다. 하루는 그녀가 나에게 물었다. "왜 나를 대하는 태도를 바꾸었지요? 왜지요?" 나는 단순히 악감정을 마음속에 계속 간직하기 싫어서였다고 대답했다. 그래서 당신을 남들처럼 대하려고 노력했고, 이제는 내가 생각했던 것보다 훨씬 괜찮은 사람임을 알게 되었다고 했다.

그런데 그녀가 갑자기 울기 시작했다. 나는 어안이 벙벙해졌다. 그녀는 태어나서 처음으로 그런 말을 들었다고 했다. 그래서 나는 고민거리가 있으면 나와 상의해도 좋겠냐고 물었다. 그녀는 좋다고 했고, 실제로 그렇게 했다.

그녀가 나의 가장 친한 친구가 된 것은 아니지만, 이제 더 이상 적도 아니다. 우리는 평화롭게 그리고 명예롭게 공존할 수 있게 되었다. 이것은 우리 모두에게 교훈을 심어주었다. 그리고 우리는 함께 이러한 긍정적인 태도를 일터에 전파시킬 수 있었다.

> 어차피 배가 찰 정도의 물이 들어 있다면 잔이 반이 찼든, 비었든 그것은 상관이 없다.
>
> – 로버트

해결에 도움이 되는
상대를 찾아라

대화에서 필요한 것을 얻으려면 '적절한' 상대가 필요하다. 자신의 요구 사항이 뚜렷하다면 누구에게 말을 해야 할지는 분명해진다. 하지만 사람들은 자신이 필요로 하는 것과 아무런 상관이 없는 사람과 불필요한 대화를 하느라 너무 많은 시간을 소비한다.

대화를 할 때, 자신이 필요로 하는 것을 제공할 수 있는 사람을 찾는 것에 집중하자. 그리고 그 사람을 찾으면 그와 친해지고 관계를 형성할 수 있도록 노력한다. 이러한 관계 형성을 '친근한 관계 구축'이라고 할 수도 있겠지만, 자신이 적극적으로 행동을 해야 되기 때문에 서로 '연결'된다고 표현하는 것이 타당하다.

진정한 해결책을 가지고 있는 사람을 제외한 다른 사람들에게 불평을 늘어놓는 것은 인간의 본성이다.

사람들은 남의 이해와 동정을 얻기 위해 이해 관계가 없는 사람에게 불평을 한다. 그들은 그 문제가 발생하는 데 자신이 어떤 원인을 제공했는지 상대방이 물어보는 것을 원하지 않는다. 혹은 그 문제를 해결하기 위해 무엇을 할지 묻는 것도 원하지 않는다. 그런 질문에 대답할 용기가 없기 때문이다. 이들은 그저 동정만을 바랄 뿐이다.

자신의 문제를 해결할 수 있는 사람과 대화를 나누고 관계를 형성하는 것은 중요하다. 이것이 어려워보일 수도 있지만, 일단 시도해보면 결과에 대해선 만족할 것이다.

> 대화는 작은 아기를 서로 주거니 받거니 하는 행동과 마찬가지이다. 계속 웃음을 짓게 만들려면 몸을 흔들어주고, 달래주고, 움직여줘야 한다.
>
> — 캐서린 맨스필드

동료는 모든 곳에 있다

직장생활을 하다 보면 모든 동료가 마음에 들 수는 없다는 사실을 인정해야 한다. 공적인 업무를 진행할 때나 사적인 관계를 만들어나갈 때도 마음에 들지 않는 동료와 함께 지내야 한다는 것은 곤혹스러운 일이다. 함께 일하는 모든 사람을 좋아할 수는 없는 노릇이다. 그럼에도 불구하고 함께 일해야 된다는 점은 변함이 없다. 동료 한두 명과의 인간 관계 때문에 일터를 떠날 수는 없다. 그렇다면 하루 일과의 대부분을 함께 하는 동료와의 사이를 원만하게 하려면 어떻게 행동하는 것이 좋은가?

책임과 권한, 그리고 겹치는 부분을 명확하게 구분하라

어느 정도의 권한이 당신에게 있는가? 당신의 책임은 구체적으로 무엇인가? 이러한 권한과 책임이 다른 사람과 겹치는가?

사용 가능한 자원을 알아내고 분류하라

누가 도움을 줄 수 있는가? 예산이 어느 정도 되는가? 시간은 어느 정도 남아 있는가?

갈등을 해소한다

동료와 충돌이 일어났을 때 그를 통제할 수 없다면 문제를 해소해야 한다. 윈윈 전략이 되도록 한다.

상대방에게 피드백과 도움을 주라

업무가 어떻게 진행이 되는지 관련된 사람들에게 알린다. 남들이 당신의 업무가 끝나길 기다린다면, 빨리 끝낼 수 있도록 도움을 요청한다. 상대방이 뒤쳐지고 있다면 가서 도와준다.

자신이 일하는 부서 외의 사람들을 공략하라

자기 부서 밖의 사람들과 관계를 맺으면, 여러 사람의 평가를 제대로 받을 수 있다. 또한 필요할 때 도움을 요청할 수 있는 범위가 넓어진다. 폭넓은 인간 관계를 형성하면 더 많은 도움을 쉽게 얻을 수 있고, 이는 업무 처리에서 스트레스를 덜 받는 길이다.

내가 세일즈맨이었을 당시에 그다지 명석하다고 생각되지 않는 동료와 함께 일했다. 우리는 힘들게 일을 했었는데, 그는 결국 다른 일을 개척하기 위해 직장을 떠났다. 그가 떠나자 속이 시원한 느낌이었다.

몇 년 뒤 한 회사에 장비를 판매하려고 연락을 했는데, 나의 옛 동료가 그 회사의 부사장이 되어 있었다. 그의 지위 때문인지 갑자기 그가 매우 똑똑해 보였다. 현재의 동료가 미래에 어떻게 될지는 아무도 모른다. 괜한 충고나 행동으로 인간 관계를 함부로 하지 않도록 하자!

– 피터

부하 직원과의
대화법

직장은 일하는 시간이 아니라 성과에 대한 보상으로 봉급을 지급한다. 이러한 성과는 실제 업무를 담당하는 직원과 효과적인 의사소통이 이루어져야 성취 가능하다. 자신의 직원과 대화할 때는 다음 사항을 참고하라.

공식, 비공식적인 의사소통 경로를 모두 이용하라
포도넝쿨처럼 얽힌 의사소통 망을 이용한다. 대면하여 이야기하기, 공식 선언, 사보에 글 싣기, 문서의 배포, 이메일 등 그 방법은 무궁무진하다.

사안의 시급함과 요구되는 업무를 직원들에게 명시하라
사람들은 공적으로 주어지는 업무에 대해 일단은 시간을 끄는 경향이 있다. 특히 오래된 소식이라면 무시할 가능성이 높다. 급한 일이 아니라면, 뒷전으로 미룰 것이다. 그러니 사안이 중요하고, 업무에 마감 시간이 있다는 것을 알려준다. 그리고 무엇이 성취되어야 하는지 알려주고, 뛰어난 성과가 나오길 기대한다고 격려한다.

설명 · 시범 · 질문 · 관찰

상대방에게 충분히 설명하고 필요하다면 시범을 보인다. 그리고 질문을 받는다. 그래도 불안하다면 일하는 것을 직접 관찰한다. 이것은 일을 시키는 4단계 방법이다.

원하는 결과와 그 이유를 충분히 설명하라

이것은 최종 제품 또는 서비스에 대한 오해를 제거한다. 해야 할 일이 분명하고, 최종 제품 또는 서비스가 무엇이 될지 알고 있다면, 문제가 발생할 때, 해결책도 보다 쉽게 마련할 수 있다. 그 일이 왜 중요한지 말해준다면, 직원들은 책임감을 갖고 업무를 수행할 것이다.

결정과 논의 과정에 참여시켜라

그들에게 질문을 많이 한다. 직원이 경험이 많다면 그가 제시한 대안에 대해서 열린 태도를 갖고 듣는다.

그리고 제시한 대안 중 실행 가능한 것과 불가능한 것을 구분하여 알려준다. 즉 상대방의 제안이 실현 가능한지 또는 불가능한지 알려준 다음 마지막으로 실현 가능한 것 중에서 그들이 선택할 수 있도록 한다.

권한, 요구사항, 규제, 마감 기한, 자료 등을 명기하라

보고의 시점, 예산, 프로젝트 완료 후 보고의 주체와 대상 등을 직원이 알고 있도록 한다.

지속적인 피드백과 협력을 제공하라

직원을 내버려두지 않는다. 그들이 필요로 하는 것은 언제나 도와 줄 수 있다는 사실을 알려준다.

> 한번은 사업 운영에 대해 충고를 하는 직원을 호통친 적이 있었다. 그 이후로 그녀는 두 번 다시 나에게 제안을 하지 않았다. 실제로 직원들이 하는 제안중에서 쓸모 없는 경우가 많이 있다. 그러나 그렇다고 해서 그들을 저버리는 것은 올바르지 않다. 대신 그 제안이 왜 적절하지 못한지 충분히 설명을 해주는 것이 필요하다. 그렇지 않다면 직원들은 더 이상 입을 열려고 하지 않을 것이다. 직원들은 일을 하는 주체이다. 그에 합당한 대우를 하는 것은 당연지사이다.
>
> 일을 하는 데 있어서는 뛰어난 대인기술이 관건이다.
>
> — 로버트

부하 직원과의 대화법

부정적인 사고에서
벗어나기

모든 사람이 행복하기를 바라지만 태어나서 죽을 때까지 행복하기만한 인생은 결코 존재하지 않는다. 인간의 힘으로는 피해갈 수 없는 일들이 종종 생겨 갑작스러운 어려움에 닥칠 때도 많고, 불의의 사고를 당할 수도 있는 것이다.

그러나 나의 삶이 늘 불행하다면 하루하루 살기가 얼마나 힘들 것인가! 모든 일은 마음먹기에 따라 달라진다는 말은 진리이다. 똑같은 불행이 다가와도 그것을 어떻게 받아들이느냐에 따라 결과는 달라진다.

내 마음속에 있는 부정적인 생각들을 바꿔보자. 삶이 달라질 것이다.

하나에 집중하라

가장 부정적인 사고, 아이디어, 행동, 또는 비판 중에서 가장 거슬리는 것을 고른다. 그래서 그것을 따로 떼어놓고 생각해보자. 이것은 구체적인 행동으로 옮겨보는 것이 좋다.

정보를 얻고 문제를 다루는 방법을 배워라

어려운 문제에 부딪쳤다면 책을 읽고, 테이프를 듣거나 문제해결에 도움이 될 만한 사람을 찾아가 해결방안을 논의한다.

관점을 바꿔보라

습관을 바꾸려면 생각을 바꾸어야 한다. 부정적인 면을 반대로 생각하여 긍정적인 것으로 만든다. 할 수 없다고 생각되는 것을 할 수 있다고 다짐한다. 그리고 절대로 실패하지 않을 것이라고 믿는다. 부정적인 생각, 아이디어, 행동, 또는 지적을 성공의 토대로 전환시킨다.

절대로 실패하지 않는다고 계속 다짐하라

행동을 하는 것만이 최선의 방법이다. 일단 그냥 부딪쳐 본다. 그리고 할 수 있는 한 최선을 다한다. 결과가 어떻게 나오는지 살피고, 원하는 결과가 나오지 않았다면 행동을 조정한다.

스스로에게 물어보라

"나는 무엇을 배웠는가?" 일지를 쓰고 결과를 기록한다. 차후에 고칠 수 있는 점을 계획에 넣는다.

긍정적인 이야기를 지어내라

장례식에 가는 사람들의 기분을 가장 좌지우지하는 것은 죽은 사람의 행적이 아니라 그날의 날씨라는 것을 명심하자. 모든 것을 너무 심각하게 받아들일 필요가 없다. 호탕하게 웃어보자. 남들이 당신과 함께 웃을지언정 당신을 향해 웃지는 않을 것이다.

책을 읽는 독자는 알 수 없겠지만 나는 독특한 억양을 갖고 있다. 청중에게 강의할 때 나는 언제나 이렇게 묻는다. "제 억양이 이상하지 않나요?" 그러면 그들은 웃어버리는데, 나는 영어를 유창하게 말할 수 있다고 설명한다. 그리고 이렇게 덧붙인다. "하지만 전 여러분들이 연설에 쉽게 집중할 수 있도록 저의 스위스 억양을 버리지 않았답니다." 이것은 물론 거짓말이다. 스위스 억양을 쓰는 것은 내가 스위스 억양을 버리지 못하기 때문이다. 물론 청중도 이 사실을 알지만, 나의 농담에 긍정하면서 강의에 적극적으로 빠져든다.

– 피터

발표하기

대화 상대 또는 타인과 일 대 일로 말하는 기술이 이 책의 주제이다. 하지만 단 한 사람에게 말을 하는 것도 '발표' 하는 것과 진배없다. 그래서 다수의 사람들 앞에서 좋은 발표를 하는 원리는 일 대 일 대화와 다를 바가 없다.

하지만 발표할 때 좋은 인상을 주려면 훈련이 필요하다. 멋진 발표를 하려면 다음의 다섯 가지 요소를 명심해야 한다.

발표하는 내용

신체 언어

필요한 장비

발표하는 장소

필요한 준비

이 요소들은 일 대 일 대화를 할 때도 마찬가지로 적용된다.

말하는 내용

상대방과 자신의 신체 언어

필요한 장비(필요하다면)

환경

준비

유비무환

나의 최초의 발표는 과학 회의에 참석한 500명의 사람들 앞에서 치러졌다. 나는 듀얼 슬라이드 프로젝터, 두 개의 리모컨, 휴대용 마이크로폰을 준비했다. 방이 어두웠는데, 슬라이드를 가리킬 만한 물건이 없었다. 나는 어쩔 수 없이 손가락으로 슬라이드를 가리켰지만, 어두운 방이었기 때문에 소용이 없었다. 그리고 리모컨 조종을 잘 못해서 슬라이드의 순서가 엉망이 되어버렸다. 더군다나 마이크로폰까지 떨어뜨렸다. 나는 완전히 바보가 된 느낌이었다.

500명에게 말하든 1명에게 말하든 상대방에게 발표한다는 사실은 달라지지 않는다. 발표를 하기 전에 목적, 준비, 계획, 연습 등이 선행되어야 한다.

― 로버트

머뭇거리는 사람과
일하려면

일을 거절하지 않는 한 가장 효과적인 시간 배분은 머뭇거리지 않는 것에서 출발한다. 하지만 함께 일하는 사람이 계속 꾸물댄다면 도저히 일을 계속해나가기가 어려울 것이다.

사람들은 여러 가지 이유로 머뭇거린다. 표현하길 좋아하는 사람은 그 일이 멋지지 않다는 이유로, 그 일과 관여된 사람이 많은 경우엔 그 일이 우선 순위가 아니라는 이유로, 붙임성 있는 사람은 그 일 때문에 일어날 불화가 무서워서, 분석적인 사람은 일을 해나가다가 틀릴까 두려워서 애초 시작부터 머뭇거린다.

머뭇거리는 것을 극복하려면 구조적인 변화 또는 협력이 있어야 한다. 구조는 성공으로 가는 '기술'이라고 말할 수 있다. 협력은 노하우를 적용할 수 있도록 격려, 자극, 재확인 등을 하는 것이다. 무엇이 빠졌는지 확인하고 그것을 제공해 준다. 그리고 다음 단계를 따라 머뭇거리는 사람과 멋지게 일을 해보자.

- 그들의 두려움을 밖으로 끄집어내고, 솔직해도 괜찮다는 것을 인식시킨다.
- 문제를 해결할 수 있도록 도와주며, 그것을 일의 우선 순위로 두고, 그들이 결정할 수 있도록 기회를 준다.
- 그들의 책임이 크다는 것을 알려준다. 프로젝트의 중요성도 강조한다.
- 그들의 결정을 인정하여 상호간의 신뢰를 쌓는다.
- 정기적으로 재확인한다.

> 당장 시정하는 것보다 다음을 기약하는 것이 훨씬 쉬운 일이다. 이것은 남에게 피드백을 줄 때마다 발생하는 슬픈 현실이다. 한 직원의 습관을 고치게 된 경험을 얘기하자면, 그는 항상 남들보다 과도하게 휴식 시간이 길었다. 그 문제를 꺼낼 때마다 그는 변명을 하며 더 이상 그러한 행동을 하지 않겠다고 말했다. 나는 결국 그에게 이런 식으로 계속하면 해고할 수밖에 없다고 직접적으로 말했다. 그리고 이 문제를 절대 그냥 모르는 척 내버려두지 않을 것이라고 그에게 다짐했다. 그 이후로 그는 변했다.
>
> — 로버트

"아니오"라고
말하고 싶을 때

상대방의 부탁이나 제의에 대해 단호하게 "아니오"라고 말하는 것은 상대방과 문제를 일으킬 가능성이 있다. 하지만 이 대답이 시간을 가장 절약하는 방법임은 틀림이 없다. "아니오"라고 대답하려면 자신감이 있어야 하며, 대답의 내용보다 대답하는 방법이 더 중요하다.

대답을 할 때, 상대방에게 거부감을 주지 않으려면 목소리가 또렷하고 차분해야 한다.

다음은 상대방에게 "아니오"라고 할 때, 충격을 완화하기 위한 방법이다.

- 생각할 시간을 달라고 한다. "내일 말해도 될까요?"
- 협상을 통해 자신이 수긍할 수 있는 선에서 "예"라고 한다. "50달러를 낼 수는 없고, 10달러 드리죠."

● "아니오"라고 대답하고 대안을 제시한다. "아니오, 하지만 다음 달엔 될지도 모르겠군요."

● 간단하게 "아니오"라고만 대답하지 않고, 충분한 내용이 있는 문장으로 만들어서 대답한다. "아니오"라는 말은 상대방이 계속 귀찮게 하면 사용한다.

● 조건을 제시한다. 상대방이 "아니오"라고 대답하면 대화의 균형을 유지할 수 있다. "이것만 해주면 정말로 도와드릴 수 있을 텐데……."

● "예"라고 하되 자신의 할 일을 모두 설명하고, 무엇을 포기해야 할지 상대방이 선택하게 만든다. "예, 나도 하고 싶어요. 하지만 그것을 하려면 이러저러한 것을 포기해야 돼요. 뭘 포기해야 될까요?" 이것은 특히 직장 상사에게 효과적이다.

● "아니오, 왜냐하면……"으로 대답하면 상대방에게 그 이유를 충분히 설명할 수 있다. "아니오, 불행히도……" 식으로 시작하는 것도 좋다.

"아니오"를 어떻게 말하느냐가 그 내용보다 더 중요하다.

사람들은 간혹 자신이 좋아하는 음식의 요리법을 남에게 설명할 때, 사소하지만 중요한 재료나 상세한 설명을 빠뜨릴 때가 있다. 왜 그럴까? 그렇게 되면 상대방의 요리가 자신들의 것보다 물론 맛있지 않을 것이다. 많은 사람들이 "아니오"라고 말하는 데 어려움을 갖고 있다.

특히 '붙임성 있는 사람'과 '표현하기 좋아하는 사람'이 이런 경우가 많다. 이런 사람들이 "아니오"라고 대답하길 꺼려해 망설이는 것을 자주 보게 된다.

"아니오"라는 대답을 분명히 하려면 신체 언어와 어조도 "아니오"라고 말해야 한다. 이것이 요리에서 놓쳐버린 가장 중요한 재료이다.

> "아니오" 한 마디로 끝날 때도 있다.
>
> —로버트

말이 없는 사람,
말이 많은 사람

침묵은 금이다. 정말 그러한가? 침묵이 동의를 뜻
하지는 않는다. 단지 아직 말을 하지 않았다는 사실을 보여줄 뿐
이다.

말이 없는 파트너가 좀체 입을 열지 않으려 한다면, 그가 무슨
생각을 하고 있는지 알 수가 없기 때문에 긴장하게 될 것이다. 그
는 더 많은 정보를 원하는 것일지도 모른다. 혹은 침묵을 통해 상
대방을 통제하려는 것일지도 모른다. 좀처럼 말이 없는 사람과 대
화를 이끌어나가려면 다음 사항을 참조하라.

- 열린 질문과 구체적인 질문을 던진다. 끈기가 있어야 한다.
- 대답을 요구한다. 자신도 침묵을 사용한다.
- 왜 침묵하는지 묻는다. 농담을 섞으며 가볍게 묻는다.
- 상대방이 대답할 시간을 준다. 하루 정도의 시간을 주거나 문서로도

제출할 수 있게 한다. 단, 제한 시간을 둔다.

● 침묵이 동의를 뜻하는 것인지 묻는다.
● 상대방이 원하는 것과 정반대의 의견을 일부러 꺼내 그가 말을 하도록
  유도한다.

반면 쓸데없이 말이 많은 사람들을 종종 보게 된다. 필요한 말인
지 불필요한 말인지 생각없이 하는 말은 상대방에게 소음이 될 뿐
이다. 공간을 가리지 않고 상대방을 붙잡고 떠드는 사람으로부터
빠져 나오는 것은 골치 아픈 일이다.

이럴 때는 다음과 같은 방법으로 대화를 중단하자.

● 상대방이 말하는 것에 질문을 해서 말을 자주 끊는다. 이것은 대화의
  흐름을 차단한다. 이 방법이 통하지 않는다면 다음 방법을 사용한다.
● 상대방의 주의를 환기시키고(상대방의 이름을 말한다), 대화를 끝내기
  위해 말의 내용을 요약 정리한다.
● 할 일이 있다고 말한다.
● 조용하고 부드러운 목소리로 이야기해줘서 고맙다고 한다.
● 의도적으로 어긋난 행동을 한다. 엇갈린 자세와 시선으로 상대방이 대
  화를 중단하게 만든다.

전술상 후퇴

이기적인 사람은 언제나 논란의 대상이 된다. 그런데 문제는 이기적인 사람들이 남들의 이기심에 대하여 가장 말이 많다는 점이다. 한번은 어떤 사람이 자신에 대한 자랑을 수백 번째 늘어놓고 있었다. 나는 화장실에 가야 한다고 말하고, 그 상황을 빠져 나왔다. 적당한 핑계를 대고 나오는 것도 좋은 방법이다.

- 로버트

"예"와 "아니오"를
분명히 한다

예스맨은 거의 모든 일에 찬성하지만, 실질적인 일은 별로 하지 않는다. 만약에 이들이 붙임성 있는 성격을 가진 타입이라면 상대방의 감정에 상처를 주기 싫어서 그런 것이다. 만약에 표현적인 타입이라면 일하는 것보다는 남의 이목을 끄는 것에 더 관심이 많아서 그렇다.

어떠한 일을 수락하는 것은 다른 일을 거절하는 것이다. 그 말은 곧 어떤 일을 거절하는 것은 더 중요한 일을 할 수 있는 기회를 만들어줄 수 있다는 뜻이다.

예스맨을 다룰 때는 다음의 사항을 참조하라.

● "아니오"라고 말할 수 있는 환경을 만든다. 반대를 해도 상관이 없게 한다. 이것은 다른 방법을 사용하거나, 간단하게 "아니오"라고 말하는 것으로 얻을 수 있다.

● 비현실적인 약속을 하면 확인 작업을 한다. 상대방이 갖고 있는 문제가 무엇인지 묻는다.

● 계획대로 일이 되는지 확인한다. 마감 기한까지 기다리지 말고 정기적으로 확인한다.

● 상대방의 문제를 빨리 드러내어 "아니오"라고 대답할 수 있게 만든다.

● 결과, 마감 시간, 우선 사항 등에 집중한다. 상대방이 어떠한 우선 사항에 대하여 "예"라고 말하는지 확인한다.

> 외교관이 "예"라고 말한다면 '어쩌면'을 뜻한다. 그가 "어쩌면"이라고 말한다면 '아니오'를 뜻한다. 그가 "아니오"라고 말한다면 외교관이라고 볼 수가 없다.
>
> — 데닝 경

온몸으로 대화하는 다섯 가지 방법

자연스럽게 행동하라

숨을 깊이 쉰다. 이는 뇌와 온몸에 산소를 공급하기 위해서이다. 자신의 모습을 있는 그대로 보여주며 대화에 집중한다. 대화에 적극적으로 참여한다. 그리고 눈으로 말한다. 레오나르도 다 빈치의 말을 상기하자. 눈은 영혼의 창이다. 영혼을 상대방에게 보여주면 듣는 사람의 마음을 사로잡을 수 있다.

불필요한 말과 행동을 삼가라

'음'이나 '아'와 같이 호흡을 끊는 말을 하지 않는다. 쓸데없이 물건을 만지작거리지 않는다. 상대방과의 대화를 방해하는 모든 요소를 제거한다.

감정을 표현하라

경쾌하고 열정적으로 대화한다. 얼굴에 그런 느낌이 나타나도록 한다. 포커페이스는 포커에는 도움이 되겠지만 열린 대화에는 쓸모 없는 표정이다.

상대의 얘기를 다른 정보와 연결시켜라

자신의 얘기를 꺼내기 전에 상대방을 관찰하고 느껴본다. 대화 상대가 원하는 것을 다른 것과 연결시켜보고 그의 느낌을 존중한다. 상대방의 감정과 느낌을 함께 느끼고 있다는 것을 보여준다.

대화 상대는 자신의 거울이다

상대방의 호응과 행동을 살펴보고 그가 어느 정도 수긍하고 있는지 알아낸다. 상대방을 관찰하면 다음에 무슨 말을 해야 할지 알 수 있다.

SECRETS OF
FACE-*to*-FACE
COMMUNICATION

2
무언의 의사소통을
믿어라

무언의 의사소통을
믿어라

의미는 말에 있는 것이 아니라 그 사람에게 있다. 진정한 의도를 숨기려면 행동으로 보여주는 것보다는 말을 바꾸는 것이 훨씬 쉽다. 그러나 말로 자신의 목적을 숨길 수는 있어도, 무의식적인 신체 반응까지 바꿀 수는 없다. 사소한 몸짓 하나는 그 자체만으로는 의미가 없다. 상대방이 풍기는 인상과 그가 한 말을 조합해야만 그의 의도를 정확하게 읽을 수 있다.

무언의 의사소통은 다음 사항을 포함한다.

● 신체 언어
● 자세
● 몸짓
● 시선 마주침
● 공간

- 얼굴 표정
- 움직임
- 어조

1872년, 찰스 다윈은 감정, 욕구, 욕망 등을 표현하는 신호가 생존에 필수적인 요소라고 했다. 무언의 의사소통은 말보다 진실을 더 잘 표현한다. 많은 연구에 의하면 무언의 의사소통이 실제로 말하는 것보다 신빙성이 높고, 정확하며, 더 많은 정보를 담고 있다고 한다.

무언의 의사소통은 각 나라와 민족의 문화에 따라 영향을 받지만, 어느 정도는 세계적인 공통 분모가 있고, 누구나 알아차릴 수 있는 부분이 있다. 전세계의 사람들은 다음의 기본적인 여섯 가지 감정을 식별할 수 있다.

- 슬픔 – 눈썹이 올라가고 이마가 찌푸려진다.
- 놀람 – 눈썹이 올라가고 입이 벌어진다.
- 분노 – 눈썹이 내려가고 매서운 눈초리와 치아가 보인다.
- 행복 – 입과 눈언저리가 웃는 표정이며 입이 벌어져 있다.
- 공포 – 눈썹이 올라가고 눈을 크게 뜨며 입이 벌어진다.
- 혐오감 – 코를 찡그리고 입을 벌린다.

오해는 말에만 집중한 나머지 무언의 의사소통을 받아들이지 않고, 이해하지 못하기 때문에 생긴다. 무언의 의사소통을 더 잘 이해할수록 더욱 뛰어난 화술가가 될 수 있다.

주디는 괜찮다고 말했지만, 표정이나 몸짓은 뭔가 이야기를 하는 듯 보였다. 그녀의 목소리는 망설이는 기색과 허약함이 묻어났으며 금방이라도 폭발할 것 같은 상태였다. 게다가 몸을 구부리고 의자에 앉아 손을 쥐어짜고 있었으며 입술은 바르르 떨렸다. 주디의 마음은 여기서 멀리 떠나 있는 듯했고, 나의 눈을 똑바로 쳐다보지 못했다.

주디는 엄청난 압박을 받고 있었으나, 자신의 고민을 털어놓거나 남과 상의하려 하지 않는 것이다. 그래서 나는 도움이 필요한지 물어보았는데, 그녀는 계속 문제가 없다고 말했다. 나는 그녀의 상태가 뻔히 보였다. 나는 다시 질문을 했고, 결국 그녀는 울기 시작했다. 그녀의 남편이 암에 걸렸다는 것이다. 말만 듣고는 진실을 알 수 없다.

- 로버트

행동 언어를
주시하라

모든 사람은 특정한 행동으로 치우치는 경향이 있다. 그렇지만 모든 사람이 한 가지 행동만을 하는 건 아니다. 그리고 이러한 경향에 행동이 묶여 있는 것도 아니다. 하지만 사람마다 행동에 어떤 경향이 있는 것은 분명한 사실이다. 왜 그럴까? 그것은 사람에게 스스로가 가장 안전하고 편안하다고 느끼는 방향으로 가려는 본능이 있기 때문이다.

남들에 대하여 이러한 의문이 들 때가 있다. "왜 저런 말을 하지?", "저 사람, 왜 저럴까?", "자기가 뭔데?" 이것은 그대로 나에게 적용할 수 있다. "내가 왜 이런 말을 하지?", "내가 왜 이럴까?", "내가 뭔데?" 모든 사람은 차이가 있다. 하지만 다행스럽게 이 차이는 예측할 수 있는 범위 내에 있고, 이 차이가 남을 끌어당기는 매력이 되거나 거부감을 주는 특징이 되는 것이다.

설득할 때의 핵심은 자신과 상대방을 이해하는 것이다. 그런 후에 상대방의 필요와 상황에 따라 적합한 대화를 하면 된다. 정보를 갖고 있으면 큰 힘이 되지만, 이것을 획득하고 사용하는 적절한 방법을 알고 있을 때만 그렇다.

'감정 지수'의 저자 데이빗 골맨은 남의 감정을 이해하고, 거기에 감정이입하는 능력을 'EQ'라고 정의했다. 그의 연구에 의하면 EQ가 IQ보다 4배는 더 정확한 성공의 척도라고 한다. 골맨에 의하면 EQ와 관련된 의사소통 기술은 다음과 같다. 감정이입과 관대함을 가지는 것, 그리고 상대방의 의도를 읽을 줄 알아야 한다는 것이다.

인류는 고대로부터 남의 마음을 읽고 그 차이를 설명하려는 시도를 해왔다. 히포크라테스, 아리스토텔레스, 갈레노스의 시대부터 이상적인 인간상에 대한 논의가 있었다.

자신과 상대방이 서로 의지하고 협조하려는 노력 여하에 따라, 상대방에게 영향을 주는 정도가 달라진다. 즉 상대방의 행동과 말투에 잘 적응할수록 상대방은 말을 쉽게 받아들일 수 있고, 대화가 성공적으로 끝날 가능성도 높아진다.

상대방에게 영향을 끼치기 위한 핵심은 상대방이 필요로 하는 부분을 파악하여 대화를 맞추어나가는 능력이다. 즉 내가 던지는 제안을 상대방이 가장 쉽게 받아들일 수 있어야 한다. 간단하게 말하자면 상대방의 언어로 그 제안이 얼마나 멋진가를 설명하는 것이다. 그리고 이러한 점을 이해시키고, 그것을 행동에 옮길 수 있게 한다.

남에게 영향을 주려면 상대방의 행동 언어를 사용하여 메시지를 전달해야 한다. 즉 상대방이 즉시 이해하고, 그 이점을 알 수 있도록 표현을 구성해야만 한다. 사람은 자신이 선호하는 행동 패턴이 있다. 상황과 환경에 따라 이러한 행동 패턴을 조절할 수 있는 능력이 필요하다. 이 능력을 갖춘다면 굉장히 탁월하고 멋진 화술가가 될 수 있다.

대화의 일차적 목적은 상대방이 자신의 말을 듣게 하고, 이해를 시킨 후, 자신의 말을 행동에 옮기면 이득이 된다는 것을 생각하게 만드는 데에 있다. 상대방이 말하는 스타일로 대화를 하면 이 목적은 충분히 성취할 수 있다.

– 피터

행동 언어를 주시하라

의미를 전달하는
사소한 몸짓

사소한 몸짓을 관찰하면 좀더 중요한 행동을 유추해낼 수 있다. 그리고 몸짓은 대화를 시작하거나 피하는 데 매우 중요한 단서를 제공하기도 한다. 다음에 제시된 쉽게 포착할 수 있는 특징들을 참고하면 현재의 행동을 계속해야 할지 멈춰야 할지를 판단할 수 있다.

준비와 열중

무언가를 하려는 준비가 되어 있을 때 사람들은 의자 앞쪽으로 몸을 기울이거나 엉덩이에 손을 붙이고 일어난다. 빨리 행동을 하고 싶다는 뜻이다. 그리고 똑바로 앉거나 선다. 눈을 크게 뜨고 반짝이며, 긴장한 상태가 된다.

또한 몸의 움직임은 생기 있고 활달하다. 말보다 행동이 먼저 나오는 것은 당연하다. 상대방이 이러한 모습을 보인다면 계획을 당장 행동에 옮겨라! 상대방은 이미 준비가 되어 있으니까.

낙담

이러한 태도는 모든 사람이 쉽게 알아차릴 수 있다. 손 비비기, 손으로 머리카락 넘기기, 손 또는 턱 움켜쥐기, 거친 한숨, 얼굴 근육에 나타나는 긴장. 이런 표정은 하루에도 몇 번이나 볼 수 있다. 상대방이 이런 상태라면 일을 맡기기 전에 일단 물러나는 것이 좋다.

우월감

상대방보다 우월하다는 느낌을 가진 사람은 일단 표정이 편안해 보이고, 머리 뒤에 손을 끼거나 뒷짐을 지고 있는 경우가 많다. 또한 턱과 머리는 치켜들고 있다. 의자 뒤로 깊게 앉아 있거나 벽, 탁상이나 책상에 기대어 있다. 상대방이 이러한 태도를 보인다면 감정을 조절하고, 현안에 집중할 수 있도록 자신의 대화 기술을 발휘한다.

지루함

지루해진 사람은 손가락으로 책상을 톡톡 치고, 발을 흔든다. 괜히 머리 손질을 하거나, 연필을 깎는 등 중요하지 않은 일에 신경을 쓴다. 또한 몸은 문이 있는 쪽으로 향해 있고, 시계를 자꾸 본다. 이들에게 질문을 던지거나, 현재 상대방이 하고 있는 행동을 지적하면 대화에 집중시킬 수 있다.

의미를 전달하는 사소한 몸짓

불안감

불안감에 시달리는 사람은 말할 때 입을 손으로 가리는 경향이 있다. 목소리는 앙칼지고, 갈라지는 경우도 있다. 이들은 말을 급하게 하며 '음' 또는 '아'라는 감탄사를 끊임없이 사용한다. 또한 헛기침을 자주 하고 자신의 발을 바라보며 손을 자꾸 비틀어댄다. 그리고 자꾸 발을 굴리며 얼굴 근육은 떨고 있다. 이들과 관계를 형성하기 위해서는 말하기 편안한 환경을 조성해야 하며, 인내심을 갖고 격려를 하면서 대화를 하면 된다.

신체 언어가 모든 것을 말한다

사춘기 시절에 집밖에서 밤을 샌 적이 있었다. 나는 집에 돌아와서 어머니에게 친구와 함께 있었다고 말했다. 문제는 그 친구가 그냥 평범한 친구가 아니고 어린 여자친구라는 점이었다. 나는 어머니의 눈을 쳐다보며 친구와 함께 밤을 보냈다고 말했다. 하지만 어머니는 내가 남자친구와 함께 있지 않았다는 것을 눈치챘다. 어머니가 나의 거짓말을 어떻게 간파했는지는 아직도 모르겠지만, 그 당시 나는 코가 피노키오처럼 길어지는 느낌을 받았다.

- 피터

바디 랭귀지를
활용하라

"눈치와 이해하는 눈길은 길고 복잡한 이야기의 핵심을 전달한다. 사랑하는 사람, 가까운 친구 사이에서 말은 거의 사용되지 않는다." 로버트 루이스 스티븐슨이 한 말이다. 이는 귀뿐만 아니라 눈으로도 대화를 해야 한다는 것을 강조한 말이다. 신체 언어는 다른 사람을 이해하는 데 핵심적인 역할을 한다. 그뿐만 아니라 자신이 상대방에게 내비치는 신체 언어도 매우 중요한 역할을 한다.

그런데 하나의 몸짓보다 여러 가지 보조적인 몸짓이 더 의미가 있다는 것을 깨달아야 한다.

눈

레오나르도 다 빈치는 눈이 영혼의 거울이라고 했다.

- 자신감 있는 눈을 마주치면 상대방은 신뢰를 하게 된다.
- 흔들리는 눈은 오만함과 불신을 나타낸다.
- 미국의 경우, 눈을 마주치는 시간은 2초에서 6초가 적당하다. 이것은 문화에 따라 매우 차이가 크게 나기 때문에 더 길거나 짧은 시간에도 익숙해져야 한다.
- 상대방이 눈을 마주치려 하지 않는다면, 그것은 대화의 주제나 상대방에 대하여 무언가 어려움을 느끼고 있기 때문이다.
- 뚫어지게 쳐다보는 것은 공격적인 느낌을 준다.
- 눈을 계속 마주치면 자신감과 신뢰감을 주어 상대방과 친밀한 관계를 형성한다.
- 눈썹을 치켜올리는 행위, 얼굴을 찌푸리는 행위, 윙크를 하는 행위 등도 위와 비슷한 효과를 준다.

자세
자세는 감정을 반영하는 동시에 감정에 영향을 주는 것이다.

- 정신상태가 해이해져 있을 때, 단정하지 못한 자세가 튀어나온다.
- 긴장을 하면 몸이 뻣뻣해지고 스트레스 받은 것처럼 보인다.
- 소극적인 태도와 고개를 숙이고 있는 행위는 허약함, 우유부단함, 자신감 결여 등을 나타낸다.
- 자신감 있는 자세는 머리를 올리고, 똑바로 앉거나 서 있는 것이다.
- 팔을 크게 휘두르며, 대담하고, 활기찬 걸음걸이를 개발하라. 자신감 있는 사람은 목적 의식을 갖고 움직인다.

손과 팔

손과 팔은 많은 것을 보여준다. 고의적인 몸짓도 있지만, 대개는 무의식적으로 자연스럽게 드러난다. 또한 하고 싶은 말이 생각나지 않을 경우, 그 말을 대체하거나 말로는 표현할 수 없는 것을 나타내고 손과 팔의 움직임이 더욱 커진다.

- 가슴 위로 팔짱을 끼는 행위는 자신을 보호하거나, 춥기 때문이다.
- 활짝 열린 손과 팔은 개방성과 환영을 의미한다.
- 손바닥을 위로 향하여 가슴 위치로 올린 손은 말하는 내용이 중요하다는 것을 나타낸다.
- 양팔을 함께 가슴 높이로 들어올리는 것은 낙담과 무력감을 나타낸다.
- 어깨 위로 손가락 또는 손을 흔드는 것은 말하는 내용의 중요성을 강조하는 표시이다.
- 머리 위로 두 손을 들어올리는 것은 승리를 나타낸다.
- 손으로 입을 가리는 행위는 무언가를 숨기고 있음을 나타내는 것일 수 있다.
- 손을 만지작거리는 행위는 불안감을 표시하는 것일 수 있다.
- 뒷짐을 지는 행위는 안정감과 자신감을 나타내는 것일 수 있다.
- 사타구니 부위를 손으로 가리는 행위는 방어적인 태도일 수 있다.
- 어깨를 으쓱거리는 행위는 상대방의 의사를 정확하게 전달받지 못했음을 나타낼 수 있다.
- 얼굴 앞에서 휘두르는 손짓은 복서가 주먹으로 방어하는 것처럼 방어적인 행위로 느껴진다.
- 불끈 쥔 주먹은 분노 혹은 긴장을 나타낸다.

바디 랭귀지를 활용하라

- 귀를 만지작거리는 행위는 의심스럽다는 생각의 표출일 수 있다.
- 목뒤를 긁는 것은 낭패감을 표시할 수 있다.
- 턱을 괴고 눈을 감는 것은 지루함 또는 피곤함을 나타낸다.
- 턱을 만지는 것은 심사숙고하는 것을 나타낸다.
- 등을 뒤에 기대고 합장한 모습은 자신감을 나타낸다.

악수

악수는 무엇을 나타내는가? 악수를 하는 방법은 문화에 따라 정해진다. 어쨌든 악수하는 태도에 따라 자신의 분위기가 드러나는 것은 사실이다.

- 헐겁고 약하게 악수하는가? 아니면 조이는 느낌이 강하고 힘찬가?
- 미국에서 올바르게 악수하는 법은 서로 꽉 죄고(서로의 엄지가 맞닿게 한다), 자신감 있고, 단단해야 한다. 일반적으로 3초 정도 지속되며, 3번에서 5번 정도 흔들며, 동시에 눈을 마주치는 것이 좋다.
- 상대방이 악수하는 스타일에 맞춘다. 상대방에 따라 죄는 힘과 지속 시간을 정한다.

원만한 의사소통을 하려면 상대방이 신체를 통해 보여주는 여러 가지 표현에 주목하라. 낯선 여행지에서 사용하는 언어가 달라 곤란함을 겪게 될 때 바디 랭귀지를 활용하면 언어가 의사소통의 전부가 아님을 깨달을 수 있을 것이다. 바디 랭귀지를 적극적으로 활용하라.

공항, 기차역, 호텔 로비 등에서 기다릴 때면 남들이 전화하는 모습을 지켜본 적이 있는가? 전화하는 모습을 보면, 그들이 애인과 통화하는지, 직장 상사 또는 매우 높은 사람 등과 대화를 하는지 알 수 있다. 핸드폰으로 사적인 대화를 나누는 사람들은 구석진 곳으로 장소를 옮기기도 한다.

신체 언어를 파악하기 위해서는 다른 사람들의 행동을 관찰하는 것이 중요하다. 연인 또는 싸우는 사람 등을 관찰하는 것은 매우 도움이 된다.

지금 당장 양손의 손가락을 교차하여 끼워보자. 어떤 손의 엄지가 위에 놓여 있는가? 이번엔 의식적으로 다른 손의 엄지를 위에 놓이도록 시도해보자. 손이 매우 이상하고 어색하게 느껴질 것이다. 이는 우리가 신체 언어를 얼마나 무의식적으로 사용하는지를 나타내는 증거이다.

– 피터

바디 랭귀지를 활용하라

몸짓은 가장
진실한 표현

무의식적인 몸짓은 생각하는 것보다 더 많은 것을 드러낸다. 인간에게 언어 외에 가장 중요한 의사소통 수단은 몸짓이다. 몸짓은 자신이 의식적으로 제어하기 힘든 무의식의 발로이기 때문에 오히려 말보다 더 많은 것을 알려줄 수도 있다.

상대방이 얼굴 표정, 몸짓, 그 외 움직임으로 나타내는 무의식적인 메시지를 포착하는 것은 중요하다. 이것을 활용하여 상대방과의 관계를 멋지게 형성할 수도 있다. 대화를 시작하기 전에 반드시 말이 필요한 것은 아니다.

사람들이 사용하는 신체 언어는 저마다 다르다. 어떤 이들은 매우 역동적인 반면, 다른 이들은 거의 움직이지 않는다. 그리고 어떤 이들은 매우 표현적인 반면, 다른 이들은 무슨 꿍꿍이인지 도무지 알 수가 없다. 어쨌든 모든 사람은 신체 언어를 사용한다. 방법은 상대방의 신체 언어에 자신을 맞추는 것이다.

이것은 어떻게 성취할 수 있는가? 상대방과 호흡을 맞추고 있다면 자연스럽게 다음 현상이 나타난다. 이것을 이용해서 상대방의 몸짓에 맞추어 보자.

느리더라도 분명하게 상대방의 자세, 리듬, 몸짓을 비슷하게 따라한다

상대방이 앉으면 자신도 앉는다. 그가 일어나면 자신도 일어난다. 그가 기대면 자신도 기댄다. 즉 상대방의 자세, 몸짓, 움직임에 맞추는 것이 핵심이다.

시선을 어느 정도 마주칠지 결정한다

우선 상대방의 눈 움직임을 따라간다. 하지만 너무 자주 마주치는 것은 위협적으로 보일 수도 있다. 반면에 너무 적게 마주치면 약하게 보인다. 그러므로 상대방의 눈 움직임을 기준으로 균형 있게 눈을 마주친다.

상대방이 입는 옷에 자신도 맞춘다

상대방의 옷차림을 예상하여 입는다. 불확실하다면 보수적이고 단정한 스타일로 입는 것이 안전하다. 그리고 자신의 복장에 대해 스스로 물어본다. "이 옷이 나의 품위를 상승시키는가? 아니면 떨어뜨리는가?" 옷을 맞추어 입는 목적은 상대방을 배려하고, 존중하며, 프로답게 보이기 위해서이다.

몸짓은 개인의 가장 진실한 표현이다. 나는 생각한다. 고로
행동한다.

- 마사 그레함

눈과 귀를 동시에
활용하라

"관찰하라"는 충고는 누구나 할 수 있다. 그러나 무엇을 관찰하라는 것일까? 관찰할 때 주목할 부분은 외모, 정신 상태, 환경, 상대방이 주로 의존하는 감각, 행동에 관련된 용어, 신체 언어와 생리적인 단서, 감정 등이다. 이 목록들에 대한 설명은 해당하는 항목에서 더 자세히 다루었다.

관찰을 제대로 하면 방대한 양의 정보를 얻게 된다. 다음 목록은 그 중에서 가장 중요한 것들이다.

1. 당신에게 호감을 느끼는가? 호감을 느끼고 있다는 표시는 다음과 같다.
- 미소
- 자세, 행동, 몸짓을 따라한다.
- 기분 좋은 눈 마주침.

- 몸을 가까이한다.

- 열려 있는 자세(팔짱을 끼고 있지 않다)

- 몸이 똑바로 당신을 향해 있고, 편안한 자세이다.

2. 당신의 생각에 관심을 보이는가? 그렇다면 다음과 같은 행동을 보일 수 있다.

- 당신을 향해 몸을 앞으로 내밀어 가까이한다.

- 말을 더 활달하게 하고 많이 한다.

- 편안한 자세로 뒤에 기댄다.

- 관심도가 높아질수록 눈이 커지며, 동공이 팽창한다.

- 손을 벌린다. 셔츠를 조금 풀어헤친다. 턱을 쓰다듬는다. 머리를 약간 기울인다.

- 당신이 준 정보를 심사숙고할 때, 매우 심각한 표정을 짓는다.

3. 당신을 경계하고, 의심하며, 생각에 동의하지 않는가? 그렇다면 위에 열거한 태도를 보이지 않거나, 다음과 같은 태도를 보일 것이다.

- 흘겨본다.

- 손을 쥐고 있고, 외투를 벗지 않거나 단추를 풀지 않는다.

- 팔짱을 끼거나 다리를 꼬고 있다.

- 자세가 닫혀 있다.

- 당신으로부터 거리를 두고 앉거나 몸을 뒤로 젖힌다. 주로 문 쪽을 향해 있다.

- 몸이 당신을 향하지 않고 문을 향해 있다.

- 얼굴이 긴장돼 있다.
- 무엇을 숨기듯이 손을 입으로 가리거나 코를 만지작거린다.

몸은 거짓말을 하지 않는다.

직장 상사의 사무실에 들어가서 당신이 쾌활하게 묻는다. "잠깐 시간 좀 내주실 수 있겠습니까?"

그녀가 대답한다. "네, 그러죠." 말은 그렇게 하지만, 그녀의 눈은 시계를 보며, 종이를 만지작거리고, 거리감을 두고 있는 듯하다.

정말로 말해도 괜찮은 시간일까? 긴급한 상황이 아니라면 다음 기회를 기다리는 것이 좋다. 상대방의 행동은 그녀가 다른 일로 바쁘며, 시간에 쫓기고 있다는 것을 보여준다.

그렇다면 어떻게 할 것인가? 상대방의 상황을 적절히 지적하고 다음 기회에 이야기하자고 말한다. 이런 식으로 대답하면 괜찮을 것이다. "바빠 보이는군요. 급한 일은 아니니까 다음에 말하겠습니다. 이러저러한 제안에 관한 일입니다. 10분이나 15분 정도면 괜찮은데, 나중에 찾아와도 되겠습니까? 오후 2시는 어떻습니까?"

귀는 물론, 눈으로도 들어야 정확한 상황 파악이 가능하다.

－로버트

눈으로 듣기

관찰은 상대방의 무언의 의사소통에서 시각적, 청각적 단서를 찾아내는 것이다. 또는 듣고 느끼는 바를 검증하는 것이라고도 할 수 있다. 어떤 사람들은 관찰을 "눈으로 듣기"라고 표현하기도 한다.

무언의 의사소통으로 사람들은 자신에 대한 방대한 양의 정보를 드러낸다. 무언의 의사소통을 관찰하면 대화할 때 직관이 생기며, 새로운 통찰력, 육감을 얻게 된다. 대화에 뛰어난 사람은 자신의 직관과 본능을 믿고, 이를 자주 사용한다. 하지만 이것은 누구나 할 수 있다.

관심이 생기기 전까지 어떠한 사실을 발견하지 못했던 경험이 있을 것이다. "전에는 못 봤는데?"라는 말을 자주 하는가? 무시하고 그냥 지나치는 것을 볼 수는 없는 법이다. 관찰에는 개방적인 사고방식과 뛰어난 지각력이 필요하다. 관찰을 통해 순간적으로 일어난 일, 어렴풋하게 지나가는 표정, 몸짓, 단서 등을 알아낼 수 있다.

관찰은 셜록 홈즈 또는 콜롬보처럼 시각적인 단서를 찾는 것에서 출발할 수 있다. 상대방에게서 들은 것과 다른 점이 보이는가? 그렇다면 햄릿이 말한 대로 "덴마크는 무언가가 썩어 있다." 다음 예를 살펴보자.

- 부하 직원이 보고하기로 약속했는데, 가능성이 없다는 느낌이 오는가?
- 이번 인수합병 때문에 해고되는 사람이 없을 것이라고 상사가 말한다. 그런데 왜 기분이 꺼림칙할까?
- 학교에서 일어난 일 때문에 아들과 대화를 한다. 그런데 아들의 말이 미심쩍다.

무언의 의사소통이 이루어졌기 때문에 위와 같은 결과가 나온 것이다. 보이는 것을 믿는 것이 아니라, 믿는 것을 볼 수 있다. 말한 것과 무언의 의사소통 간에 괴리가 있는지 살펴본다.

하루에 10분에서 15분 동안 집중하는 훈련을 한다면 누구나 뛰어난 관찰자가 될 수 있다. 주위에서 일어나는 일을 보고, 듣고, 경험하라. 환경 변화에 따른 감정의 변화가 어떻게 일어나는지 관찰한다. 관찰에서 가장 중요한 것은 변화이다. 무엇이 달라졌는가? 무엇이 바뀌었는가?

남들이 어떤 느낌을 가질지 상상해본다. 내면의 감정은 신체 언어, 얼굴 표정, 생리적 변화 등의 미묘한 변화로 겉으로 드러난다. 관찰을 통해 이러한 변화를 포착할 수 있다면 상대방의 내면의 감

눈으로 듣기

정까지 알 수 있다. 이렇게 얻은 정보는 그 상황을 이해하는 데 도움을 준다.

그러나 하나의 단서는 무의미하다. 여러 번의 관찰을 통해 반복되는 특징, 무언가가 일어나는 것을 포착하는 직관이 분명한 단서이다. 이것을 알아차리면 말보다 무언의 의사소통이 더욱 중요하다는 것을 알 수 있다.

남을 관찰할 때 다음 사항을 참고한다.

● 중요한 행동, 특징, 패턴, 단서 등을 포착한다.
● 관찰하여 얻은 정보의 의미를 분석한다.
● 질문을 통해 분석된 정보의 정확성을 따진다.
● 정보를 이용한다.

최근 읽은 잡지에 의하면 끔찍한 사고나 뇌일혈을 경험한 사람들이 그렇지 않은 사람들보다 거짓말을 더 잘 포착할 수 있다고 한다. 왜 그럴까? 이것은 그들이 얼굴 표정과 신체 언어를 관찰하는 데에 익숙하기 때문이다.

뇌에 손상을 입은 사람들은 문장 전체를 말하거나, 이해하는 데 어려움을 느끼기 때문에 관찰에 더 많은 신경을 쓴다고 한다. 이러한 문제가 없는 사람들은 말에 더 집중을 하게 되고, 결과적으로 더 잘 속는다는 것이다. 이러한 현상에서 어떠한 교훈을 이끌어 낼 수 있을까? 당연히 관찰을 집중적으로 해야 한다는 결론이 나온다. 즉 귀보다 눈으로 더 많이 들어야 한다.

– 로버트

눈으로
대화하는 법

"내 눈을 지그시 쳐다봐……"라는 말은 너무나도 진부한 대사이다. 최면술과 관련된 싸구려 영화를 연상케 하는 대사이기도 하다. 그런데 이런 말을 코방귀도 뀌지 않고 진지하게 받아들이던 시절도 있었다. 메스머리즘(최면술과 동의어. 오스트리아 의사 프란츠 메스머의 이름에서 유래)은 소유욕과 큰 관련이 있는 기술이었다. 이런 사고 방식은 눈은 영혼의 창문이고, 이를 통해 영혼을 조종할 수 있다는 생각에서 기인한 것이다.

오늘날에도 데이트하는 중이 아니라면 남의 눈을 뚫어지게 바라보는 것은 크게 꺼려지는 행위이다. 오래도록 상대방의 눈을 쳐다보면 위협적으로 보이며, 왠지 최면술을 거는 듯한 인상까지 남기기 때문이다.

물론 직접적인 대화를 위해 눈을 지속적으로 마주치는 것은 현명한 태도이다. 단지 상대방의 눈을 '뚫어지게' 볼 필요가 없을 뿐이다. 대신에 눈을 계속 마주치는 방법이 있다. 이는 상대방의 콧등을 중심으로 얼굴을 훑어보는 것이다.

꽤 가깝다고 할 수 있는 1미터 정도의 거리에서 대화할 때, 얼굴을 쳐다보고 있다면 상대방은 어느 부위(왼쪽 눈, 오른쪽 눈, 코, 턱 등)를 보고 있는지 알 수 없다.

그리고 특히 상대방에게 강하게 보일 필요가 있을 때, 눈을 자주 깜박이는 것은 금물이다. 잦은 눈 깜박임은 불안감 또는 공포감을 나타내는 표시이다. 상대방이 눈치가 빠르다면 눈을 자주 깜박거리는 사람을 위협적으로 생각하지는 않을 것이다.

눈동자가 움직이는 것을 관찰하면 상대방이 과거의 사실을 말하는 것인지, 상상으로 이야기를 지어내는 것인지 알 수 있다. 일반적으로 실제 일어난 일을 말할 때 눈의 움직임은 왼쪽을 향하고 상상을 통해 지어낸 이야기를 할 때 눈은 오른쪽을 향한다고 한다.

이러한 것을 '고전적 안구 운동'이라고 하며 인구의 90퍼센트 정도가 이에 해당된다. 나머지 10퍼센트는 반대로 상상할 때 왼쪽, 기억할 때 오른쪽으로 눈을 움직인다.

일단 답을 이미 알고 있는 질문을 던지고 상대방의 눈동자를 관찰해보라. 이것으로 상대방이 어느 쪽으로 눈을 움직이는지 알 수 있다. 그 다음에 정말로 모르는 질문을 던진다. 상대방의 눈동자를 다시 한번 보자. 만약에 그전의 반대 방향으로 눈을 움직인다면 이야기를 지어내고 있는 것이다.

좀더 자세하게 동공(홍채 안의 검은 원)을 관찰해보면 다음과 같

은 차이점을 발견할 수 있을 것이다. 사적인 또는 흥미 있는 대화
를 하면 동공이 팽창하며, 상대방이 다른 생각을 하고 있다면 동
공이 수축한다.

눈의 신호 알아차리기

국경 수비대는 안구 운동으로 말의 진위 여부를 판단하는 훈
련을 받는다. 실제로 그들은 우선 자신의 컴퓨터로 확인할 수
있는 사실을 상대방에게 물어본다. "당신의 이름은 무엇인가?"
"주소가 어디인가?" "자신의 국가를 떠난 지 어느 정도 되었는
가?" 국경 수비대는 답변을 들으며 눈동자가 움직이는 것을 파
악할 것이다. 그 다음에 그는 자신이 답을 모르는 질문을 던진
다. 이때 눈이 이전과 반대 방향으로 움직인다면 국경 수비대는
그를 거짓말하는 것으로 의심할 것이다.

남을 훈련시키는 사람과 연설가도 이 방법을 적용할 수 있다.
연설가 무대의 오른쪽으로 몸을 옮겨 청중들의 눈이 왼쪽으
로 향하게 되면 청중들은 기억을 쉽게 떠올릴 수 있다. 왼쪽으
로 몸을 옮기면 청중의 시선이 오른쪽으로 향해 그들의 상상력
을 자극할 수 있다. 정말 신기하지 않은가?

— 로버트

눈으로 대화하는 법

신체 변화를
주시하라

생리적 또는 신체적 변화는 너무 은밀해서 알아차리기 어렵다. 이것은 확실하게 알아차릴 수 있는 얼굴 표정처럼 급격하게 변하지 않는다. 이것은 아주 은밀하게 얼굴 부위(피부, 근육, 입, 눈 등)를 '미세하게' 변화시킨다.

그렇다 해도 이러한 인간 생리의 변화는 분명하게 알아차릴 수 있다. 하지만 하나의 몸짓만 전체에서 분리하여 관찰하는 것은 분명한 근거를 잡아내지 못한다. 여러 개의 몸짓의 변화가 동일한 내용을 갖고 있다면 그것은 중요한 단서이다. 다음은 생리적 변화를 포착할 수 있는 사항이다.

피부색의 변화

뺨이 붉게 물드는지 또는 얼굴색이 하얗게 변하는지 살펴본다.

근육 경련

특히 눈과 입 주위의 작은 근육의 경련을 살펴본다. 이것 자체에 큰 의미가 있는 것은 아니지만 그 사람의 버릇을 알 수 있는 단서이다. 평상시와 다른 변화가 있다면 분명히 중요한 단서가 될 수 있다.

숨쉬는 습관의 변화

어깨의 움직임을 보고 숨쉬는 속도를 알 수 있다. 숨을 들이쉴 때 어깨가 올라가며, 내쉴 때 내려간다. 이것을 관찰하는 것이 숨쉬는 속도를 알아낼 수 있는 가장 일반적인 방법이다. 호흡은 무의식적인 신체 반응이다. 이는 사람마다 다르지만, 누구나 일정한 속도를 가지고 있다.

또한 호흡은 신체 상태의 변화에 따라 함께 변화한다. 흥분하거나 스트레스를 받을 때 호흡 속도는 올라간다. 반면에 편안하거나 긴장을 풀면 호흡 속도가 느려진다.

미소

이것은 꽤 멀리서도 알아볼 수 있는 표정이다. 미소는 상대방의 경계를 풀게 만들며 유혹적이기까지 하다. 웃는 얼굴에 거부감을 보이는 사람은 거의 없다. 미소는 일반적으로 행복을 나타내는 표정이라고 하지만, 즐거움, 유혹, 수줍음, 환영, 관용, 친근함, 관심, 무심함, 공손함 등 다양한 감정을 표시할 수 있다.

신체 변화를 주시하라

눈의 변화

동공(홍채 안의 검은 원)의 크기가 변화하는 것을 주목하라. 은밀한 대화를 나누거나 대화에 깊이 집중하고 있으면 동공이 팽창하고, 다른 곳에 정신이 팔려 있을 때는 수축한다.

> 사람은 자신의 좁은 얼굴에서 조상의 모든 특징, 역사의 표정, 그리고 욕망을 찾아내려 한다.
>
> — 랄프 왈도 에머슨

좋은 느낌을
만들어라

사람은 서로 다르게 지각한다. 똑같은 환경에 처해 있어도 개인의 특성에 따라 지각하는 부분이 다르다는 것이다. '어떤 감각 기관에 의지하는가?' 항목에서 나루듯이 사람은 눈(시각), 귀(청각), 느낌(근감각), 냄새(후각), 맛(미각)을 통해 세계를 인식한다. (미국의 경우) 미각과 후각은 의사소통에 큰 역할을 하지 않는다. 사람은 모든 감각 기관을 사용하지만, 자신이 특히 선호하거나 또는 선택적으로 사용하는 감각 기관이 있다. 다른 사람의 말을 잘 듣는 사람은 상대방이 독특하게 사용하는 감각적인 용어를 듣고, 적절한 반응을 보인다.

예컨대 자신은 시각적인 사람이고, 부하 직원은 근감각적인 사람이라고 생각해보자. 당신은 활달하며, 빨리 말하고, 시각적인 용어를 사용한다. 부하 직원은 말이 느리며, 무엇을 하는데 어떠한 '느낌이 드는지' 상상하느라 대답도 늦게 한다. 이런 그가 당신을 찾아와 도움을 요청한다.

"저, 문제가 생겼는데요."

"뭐?"

"어…(길게 쉰다)…새로운 전화 시스템을…(길게 쉰다)…어, 다룰 수가 없어요."

"이것 봐. 설치하는 사람이 어떻게 하는지 보여줬잖아? 그때 안 보고 뭐 했어? 도대체 뭐가 문제인지 모르겠네."

당신은 상대방의 느린 대답 때문에 짜증이 나 이렇게 대답한다.

부하 직원은 상사가 자신을 몰아붙이며, 무시한다는 생각에 이렇게 대답한다.

"뭐…(길게 쉰다)…그럼, 하면서 배워보죠."

이러한 대화의 장애물을 피하려면 상대방이 말하는 법을 우선 관찰해야 한다. 여기서 시각적인 사람은 천천히 말하며, 근감각적인 용어로 상대방을 달래주고, 그가 필요로 하는 것을 도와주어 그가 좋은 '느낌'을 갖도록 해야 한다.

> 감각 기관이라는 레이더를 거치지 않은 채 이 세상을 이해할 수는 없다.
>
> — 다이안 애크맨

어떤 감각 기관에
의지하는가?

자신감 있게 상대방과 관계를 형성하려면 상대방이 선호하는 감각 기관이 무엇인지 알아야 한다. 이것은 그가 사용하는 용어만으로 알아낼 수 있는 성질의 것이 아니다. 그렇다면 무엇으로 이것을 알 수 있는가?

바로 몸짓, 말의 속도, 눈의 움직임, 상대방의 움직임을 통해 알 수 있다. 이런 면을 관찰하면 다음과 같은 사실을 알아낼 수 있다.

● 시각적인 사람은 빨리 움직이고 빨리 말한다. 이들은 숨이 가쁘며, 몸짓을 많이 사용한다. 그리고 말할 때 위를 쳐다보는 경향이 있다.

● 청각적인 사람은 느리게 말하는 대신 리듬이 있으며, 느리게 숨을 쉬고, 몸짓을 덜 사용한다. 그리고 말할 때 앞을 똑바로 쳐다보는 경향이 있다.

● 근감각적인 사람은 매우 느리게 움직이고 말하며, 몸짓을 전혀 또는

거의 사용하지 않는다. 이들은 숨을 매우 깊게 쉰다. 말은 사려 깊게 하며, 눈을 내리깐 채 말하는 경향이 있다.

상대방이 선호하는 감각 용어를 사용하여 말하는 것과 상관이 없는 감각 용어를 사용하는 것은 홈런과 단타의 차이처럼 확연히 다르다. 상대방이 자주 사용하는 감각 용어를 사용하게 되면 상대방은 말의 내용을 더 쉽고 빠르게 이해할 수 있다. 그리고 상대방과 관계를 맺기도 쉬워지고, 설득력을 갖게 된다.

이러한 방법을 처음 사용하면 정신이 혼란스러워질 정도로 많은 정보를 받아들이게 된다. 하지만 행동의 작은 차이를 포착하는 것은 매우 중요하다. 상대방의 말이 빨라지는가? 또는 느려지는가? 움직임이 활발해지는가? 또는 둔해지는가? 목소리가 작아지는가? 또는 커지는가? 이러한 변화는 중요한 단서이다. 그래서 나는 이런 변화를 신경 거슬리는 것으로 받아들이지 않고, 대화에 적극적으로 적용시키게 되었다.

보고, 듣고, 느끼기……. 이것은 감각 생활의 파수꾼이며, 인격을 형성하는 요소이다.

– 피터

마음에 남는 말

사람들은 남이 자신처럼 보고, 듣고, 느낀다고 생각한다. 그러나 이것은 사실과 전혀 다르다. 모든 사람은 정보를 서로 다르게 받아들이고, 처리하며, 기억한다. 사람이 지각하는 현실은 진정한 현실이 아니다. 단지 자신이 믿고 있는 현실일 뿐이다. 그렇기 때문에 법정에 선 증인들이 모두 사건을 다르게 진술하는 것이다. 게다가 자신이 옳고, 남이 틀리다는 생각마저 하게 된다.

앞 단락의 첫 문장은 세 가지 종류의 감각적인 용어들에 대한 단서를 제시한다.

- 시각적 용어
- 청각적 용어
- 근감각적(감정적) 용어

사람은 눈, 귀, 그리고 느낌(촉각과 감정의 느낌)을 사용하여 이 세상을 지각한다. 이렇게 시각, 청각, 근감각을 사용하여 얻은 정보는 받아들인 이미지, 음향, 감정, 느낌 등이 그대로 저장된다. 그리고 이런 사실을 미리 알고 있으면 상대방을 좀더 빨리 이해하게 된다.

사람들은 자신이 주로 사용하는 감각과 관련 있는 용어로 생각하고 말한다. 또한 그 용어를 사용해 정보를 기억한다.

- 정보를 시각적으로 저장하면, 시각적인 용어를 사용하여 정보를 떠올린다.
- 정보를 청각적으로 저장하면, 청각적인 용어와 문구를 사용하여 정보를 떠올린다.
- 정보를 느낌과 감정으로 저장하면, 근감각적인 용어와 문구를 사용하여 정보를 떠올린다.

모든 사람은 위 세 가지 감각을 이용하여 정보를 저장하고 묘사하지만, 주로 두 가지 방법을 즐겨 사용한다. 만약에 어떤 사람이 상대방이 잘 사용하지 않는 감각적인 용어로 말하면 전달되는 내용은 상대방이 선호하는 감각 기관의 용어를 사용하는 것보다 더욱 많이 걸러지고, 바뀌며, 왜곡된다. 그러므로 상대방이 선호하는 감각기관의 용어를 사용하여 최대한 오해의 소지를 줄여야 한다.

이런 경우를 상정해 보자. 상대방은 시각적인 용어를 선호한다. 그런데 본인은 청각적인 용어를 자주 쓰는 편이다. 상대방이 이해를 못하는 것 같다면 "마음속에 그려 보라", "내가 보기에……", "이런 식으로 살펴보자"처럼 시각적인 문구로 말을 해본다. 용어의 선택은 상대방이 이해를 하는 데 커다란 도움을 줄 것이다.

의사소통은 시각, 청각, 근감각적인 차원에서 진행된다. 그런데 다수의 사람들에게 말할 때는 어떻게 할 것인가? 메시지를 다수에게 전달하려면 시각, 청각, 근감각적(감정적)인 용어를 섞어서 사용해야 한다. "다르게 말하자면……"을 "이렇게 볼 수도 있습니다." 또는 "……처럼 들리지 않나요?" 또는 "……으로 느껴지지 않습니까?" 등으로 바꿔서 말할 수 있다.

이것은 같은 내용을 그저 반복하기 위한 것이 아니다. 다음과 같이 용어를 완전히 바꿔서 사용해야 한다. "빨간 가슴을 보니 개똥지빠귀이다"라는 시각적인 문장을 "아름다운 새소리를 내니 개똥지빠귀이다"식의 청각적인 문장으로 바꾼다. 혹은 "내 마음이 봄 기운으로 가득 차는 것을 보니 개똥지빠귀이다"라는 표현을 사용하여 뛰어난 근감각적인 느낌을 줄 수 있다. 또는 다음과 같이 위세 가지 문장의 특징을 통합할 수도 있다. "아름다운 노랫소리에 마음이 봄기운으로 차며, 푸른 초원에 비치는 빨간 가슴을 보니 개똥지빠귀이다."

원래의 딱딱한 문장이 윤색되긴 했지만, 통합적인 문장 사용의 예임에는 틀림이 없다. 통합적인 문장은 다수의 청자를 위해 다양한 주요 접근법을 모두 사용한 것이다. 이로써 모든 사람이 내용을 이해하는 데에 문제가 없게 된다.

가장 뛰어난 표현을 사용할 수 있다면 상대방은 간접 경험만을 통해서도 화자의 직접 경험과 같은 느낌을 가질 수 있다. 그러나 청자가 선호하는 감각 기관에 자극을 줄 수 없다면 무용지물이다. 상대방이 공감할 수 있는 감각 용어를 사용하려면 상대방의 눈, 귀, 마음이 되어보아야 한다.

상대방이 무언가를 갈구하는 느낌을 갖게 만든다면 이는 성공적인 대화라고 할 수 있다. 뛰어난 마케터, 정치인, 세일즈맨은 자신의 생각을 상대방이 몸으로 느낄 수 있게 한다. 이것은 상대방의 감각이 직접 느낄 수 있게 말했기 때문에 가능했다. 즉 더 뛰어난 효과를 지닌 단어를 사용하는 것이다.

지크문트 프로이트는 다음과 같이 말했다.

"말은 마법의 힘을 가지고 있다. 말은 최고의 행복 또는 절망감을 안겨준다. 말은 스승의 지식을 학생에게 전수한다. 연설자는 말을 통해 청중을 감동시키고, 그 결정에 영향을 끼친다. 말은 강렬한 감정을 불러일으키고, 행동을 하게 만든다."

혹시 상대방이 자신의 말을 이해했는지 궁금해 하는가? "알겠어요"라는 대답은 너무 흔하게 사용된다. 이렇게 진부한 대답은 피하자. 이런 대답을 들으면 (마음속으로) 나는 이런 반응을 보일 수밖에 없다. "그래서 어쩌라는 것인가?"

"아시겠어요? 같은 느낌이 옵니까?" 이러한 질문을 받으면 그에 적절한 감각 용어를 사용하여 대답하자.

– 로버트

단어를 조심스럽게 선택하라

상대방이 즐겨 쓰는 말을 사용하면, 상대방은 자신이 한 이야기가 전달이 되고 인정받고 있다는 느낌을 받는다. 이는 사람마다 사용하는 단어와 문구에는 각별한 의미가 있기 때문이다. 만약에 상대방이 한 말을 다른 말로 바꾸어서 사용한다면, 상대방은 자신의 말이 정확하게 전달되지 않고 있다고 느낄 것이다.

한번 그대로 적용해보자. 이번 달 판매 할당량을 채우는 데 보조가 필요하다고 동료가 말한다. 어떻게 도와주면 되겠냐고 하지 말고 다음과 같이 답변하라(미묘하지만 중요한 차이이다). "어떤 보조가 필요해?" 상대방의 말 중에서 중요한 실마리가 되는 단어를 인용하면 대화가 좀더 순조롭게 이루어질 것이다. 이러한 이유로 넓게 말의 범주 세 가지를 알아두는 것이 중요하다.

- 선호하는 감각과 관련된 용어
- 주요 단어와 문구
- 화제와 주제

입에서 나오는 대로 말하는 것보다는 어떤 말을 할지 생각하고 말하는 것이 현명하다. 위의 사항을 참조하면 상대방의 세계관을 파악하는 데 도움이 될 것이다. 상대방의 세계관은 물론 상대방이 대화하는 방법을 결정한다.

똑같이 말하기

새로운 소프트웨어가 컴퓨터를 얼린다고 동료가 불평한다. 이때 정확한 전문 용어를 사용하여 대답할 필요는 없다. "시스템이 멈췄다고?" 이렇게 말하는 대신에 상대방이 말한 그대로 인용하는 것이 좋다. "새로운 소프트웨어가 컴퓨터를 얼린다고?" 이렇게 말하면 상대방은 자신의 말이 정확하게 전달되었다는 것을 즉각적으로 알 수 있다. 그리고 간단하면서도 구체적이고, 짧은 용어를 쓰는 것도 이해에 도움을 준다.

– 로버트

말하기와 리듬

역사적으로 리듬은 사람들을 하나로 묶는 역할을 해왔다. 그것은 오늘날도 마찬가지이다. 리듬이 모든 언어를 초월하는 언어라고 해도 과언이 아닐 정도이다. 언어가 내포하는 리듬을 느끼기 위해서 굳이 그 언어를 이해할 필요는 없다. 서구의 사람들이 아프리카인과 토속 춤을 함께 추는 사진을 본 적이 있을 것이다. 이것은 일부러 위조한 사진이 아니다. 서구 사람들이 아마도 처음 접하는 리듬에 자신을 맡기는 광경일 것이다.

언어와 리듬이 함께 하면 그 위력이 얼마나 강해질까? 모든 의사소통은 리듬을 내포한다. 즉 몸짓, 신체 언어, 얼굴 표정, 말의 속도, 그리고 목소리의 성격을 통해 리듬이 발현된다.

움직임, 행동, 그리고 말이 타인과 완벽하게 일치될 때, 쌍방은 매우 강한 연대감을 느낄 수 있다. 서로 동조를 하고 있다면 상대방의 목소리조차 쉽고 편안하게 들린다. 동조는 다른 항목에 설명된 짝맞추기 기술을 통해 이해할 수 있다. 어떤 동조는 쉽게 일어나는 반면, 어떠한 것은 의식적인 노력을 통해서만 가능하다.

우선 밝혀야 할 점이 있다. 나는 춤을 추지 못한다. 거의 박자를 세어가며 겨우 출 수 있는 정도이다. 춤을 배울 때, 박자를 세는 것이 유용하긴 하지만 그 방법을 고수하면 규격화된 춤에서 벗어나기 힘들다. 하지만 나도 한 번은 그러한 태도를 버리고 춤과 혼연일체가 된 적이 있었다. 남미 리조트에 갔었는데, 그곳에서 콩가 춤을 추는 대열에 낀 적이 있었다. 그리고 다른 사람들과 잘 섞여서 춤을 출 수 있었다. 아마도 다른 참여자들도 나만큼 못 출 것이라고 생각했기 때문이 아닌가 싶다. 이유야 어쨌든 나는 춤이 끝날 때까지 박자를 세어가며 추지 않고 맘껏 즐겼다는 사실을 나중에 깨달을 수 있었다. 리듬을 타면 불가능해 보이는 것도 가능해진다.

- 피터

비슷하게 말하기

말할 때 옳거나 틀린 방법이 따로 있는 것은 아니지만, 대체로 자신과 비슷하게 말하는 사람에게 이끌리기 마련이다. 자신의 목소리를 상대방 목소리의 특성에 맞추면, 자동적으로 상대방과 가까워질 수 있다. 이는 상대방과 자신을 연결하는 가장 효율적인 방법이다.

상대방 목소리의 속도, 어조, 크기, 리듬 등에 자신의 목소리를 맞추어 이를 의식적으로 훈련할 수 있다. 말의 속도는 빠르거나 느리고, 어조는 높거나 낮고, 크기는 작거나 크고, 리듬은 물처럼 흐르거나 딱딱 끊어진다. 상대방이 말할 때 이런 점을 유의해서 살펴보자. 상대방이 말하는 방법 그대로 흉내낼 필요는 없다. 단지 근접하기만 하면 된다.

자신의 목소리를 갑자기 바꾸는 것은 오히려 역효과를 낼 수 있다. 상대방의 목소리와 어느 정도 비슷하기만 하면 충분하다. 상대방의 목소리에 맞추어 자신이 말하는 속도를 한 단계 낮추거나 올린다. 상대방이 말을 띄엄띄엄하면, 자신도 조금씩 끊어서 말한다. 상대방은 자신의 목소리가 어떻게 들리는지 모르기 때문에 따라하고 있다는 것을 상상하지도 못한다. 자신의 목소리는 신체를 통해 울리기 때문에 말할 때와 녹음된 목소리가 다르게 들리는 것을 경험했을 것이다. 즉, 자신의 목소리는 신체 밖으로 '들리는' 소리와 '다르게' 느껴진다.

전화는 말과 목소리의 성격만으로 의사소통하는 수단이다. 전화는 신체언어의 시각 효과를 전달하지 못하기 때문에 목소리에 힘을 실어주어야 한다. 열심히 그리고 경쾌하게 말하는 것이 최상의 효과를 가져다준다. 또한 핵심을 빨리 말하는 것도 중요하다. 상대방이 누구와 통화하는지, 그리고 왜 통화를 하는지 확인시켜주어야 한다. 전화를 해도 좋은 상황인지 묻는다. 필요하다면 나중에 다시 통화한다. 또한 상대방의 어조와 목소리 속도에 귀기울이고 자신의 목소리를 비슷하게 맞춘다.

속삭임은 상대방도 속삭이게 한다

내가 속삭이면 상대방의 목소리도 작아진다. 어떤 사람이 당신에게 속삭인다면, 십중팔구 당신도 상대방에게 속삭일 가능성이 높다. 왜 그런지는 아무도 모른다. 어떤 사람이 낭만적인 느낌을 갖고 있다면 낭만을 느끼는 대상에게 원래 목소리보다 더욱 부드럽게 말하게 된다. 저녁을 어떻게 보낼지 계획을 짜는 커플은 식탁 앞에서 매우 부드럽게 대화할 것이다. 이것은 누구나 마찬가지이다.

– 피터

울음으로
표현하기

울음은 기쁨과 슬픔 등의 다양한 감정을 표현하는 자연스런 방법이다. 그런데 만약 갑작스런 눈물을 내가 흘리게 되거나, 대화를 하고 있는 상대가 흘린다면 어떻게 할 것인가? 다음 사항이 도움이 될 것이다.

만약 남이 눈물을 흘리기 시작하면 화장지를 건네주며 잠시 대화를 중단하는 것이 좋다. 굳이 대화를 계속해야 한다면 "어쩔 수 없지"라고 혼잣말을 하고 계속한다.

자신이 눈물을 흘릴 것 같은 상황이 닥치면 재채기하는 척하고 화장지를 빌릴 수 있는지 물어본다. 알레르기 증세가 있다고 할 수도 있고 물 한 잔 갖다달라고 부탁해본다. 잠시 자리를 비우면서 그 상황을 피할 수도 있지만 그래도 눈물이 쏟아질 경우에는 차라리 매우 중요한 일이라고 고백하고 울어버리는 방법도 나쁘지 않다.

울음은 해방이다!

텔레비전으로 올림픽을 보면 주로 우승자들이 우는 것을 목격했을 것이다. 이는 해방감 또는 기쁨 때문이겠지만, 그 이유는 크게 중요하지 않다. 중요한 건 선수들이 승리가 가져다주는 엄청난 격정에 휩쓸려 있는 것이다. 그런데 사실상 실패자가 울어야 하는 것 아닌가?

- 피터

대화에서 성공하려면 목적이 분명해야 한다!

1. 대화를 통해 무엇을 얻기를 바라는가?
2. 핵심이 무엇인가?
3. 상대방은 무엇을 알아야 하는가?
4. 어떻게 해야 상대방이 나를 도울 수 있는가?
5. 상대방을 만나는 것이 왜 중요한가?
6. 대화의 주제에 대하여 상대방이 어느 정도 알고 있는가?

명확(SMART)한 목표를 세우기 위한 공식 알아두기

Specific 구체적이어야 한다.
Measurable 측정 가능해야 한다.
Attainable 획득할 수 있어야 한다.
Realistic 현실적이어야 한다.
Timed 시한을 성한다.

SECRETS OF FACE-*to*-FACE COMMUNICATION

3 마음을 열면
세상이 달라보인다

내가 하고 싶은
말은 무엇이었나?

대화를 잘하려면 무엇보다 목적이 분명해야 한다. 즉 상대방에게 자신의 의사를 분명하게 전달하기 위해서는 먼저 본인 스스로 무엇을 말할 것인지 확실히 알아야 한다는 것이다. 자신의 의사를 어떻게 전달할지 행동에 옮기는 것은 그 다음 단계의 문제다.

행동으로 옮길 때에는 세 단계의 과정이 있다. 일단은 주어진 행동 범위 안에서 최선을 다하고, 그 다음엔 상대방이 어떤 태도를 보여주는지 정확히 파악해야 하며, 자신이 원하는 결과가 나오지 않을 때는 접근 방법을 바꾸어야 한다. 흔히 말할 때 6하원칙을 적용하듯이 행동하는 데에도 일정한 흐름을 따라 하는 것이 좋다. 자신이 전달하고 싶은 내용을 상대방이 충분히 인식하고 좋은 결과를 맺을 때까지 이 과정을 반복해야 한다.

또한 대화를 할 때에는 상대방의 스타일을 파악하고 거기에 재

빨리 적응하는 유연성이 필요하다. 똑같은 문제라도 상대방이 어떤 사람이냐에 따라 접근 방법이 다를 수 있기 때문이다.

이 밖에도 대화를 잘하기 위해서는 여러 가지 상황에 따라 방법이 달라지겠지만 기본적으로 잊지 말아야 할 것은 내가 말하고 싶은 내용이 뭔지 스스로 정확히 알고 있는 것이다. 자신이 상대방에게 한 말이 원래 하고 싶었던 말인지 분명히 해야 한다. 또한 상대방이 받아들인 메시지가 정확하게 자신이 의도한 메시지인지 확인해야 한다.

자연의 순환주기

어렸을 때, 선생님께서 우리들에게 물의 순환 과정에 대해서 설명했던 것이 기억난다. 비는 땅에 떨어져서 흙 속에 스며들고, 그것은 시내가 되고 강이 된다. 강은 바다로 흘러가고, 태양이 내리쬐면 물은 수증기가 되어 올라가 물의 순환이 다시 시작된다. 이 과정 속에서 아무것도 변한 것은 없다. 우리는 나이가 들면서 삶 속에서 다양한 인간 관계를 맺어가게 된다. 자연의 순환주기를 발견하듯, 대화 속에 있는 신비로운 순환주기를 알아내어 좀더 지혜롭게 타인과 의사소통할 수 있다는 것을 아는가.

-피터

내가 하고 싶은 말은 무엇이었나?

적극적으로 들어라

이번 항목은 적극적으로 듣기의 한 가지 방법에 집중하려 한다. 즉 평가하기 전에 감정이입을 하는 것이다.

감정은 대화를 하는 쌍방에게 영향을 주기 때문에 중요하다. 일단 상대방이 하는 말에서 감정을 포착하고 그 말의 근거가 되는 사실을 평가하는 것이 올바른 접근법이다.

사실에 대해서는 냉정하게 판단하고, 사람 자체는 너그럽게 대하자. 설사 상대방의 생각이 올바르지 않다고 생각하더라도 열린 마음으로 그를 받아들이자.

우선 자신의 의견과 감정을 억누르고, 상대방이 하는 말, 하지 않는 말, 신체 언어, 얼굴 표정 등에 집중하자. 상대방을 이해하고, 그에게 관심을 쏟고 있다는 것을 보여준다. 그의 이름을 친근하게 부르는 것도 좋다. 대화 도중 잠시 침묵과 쉬는 시간이 있다면 그것을 존중하는 것도 중요하다.

완벽하게 내용을 이해하기 위해서 상대방이 느끼는 것을 그대로 느끼기 위해 노력해야 한다. 느꼈으면 상대방의 기쁨, 의욕, 고통, 슬픔을 나누어 가진다. 이렇게 감정이입을 하면 말 이면의 진실을 포착할 수 있다.

그가 멈추었다는 이유로 다급하게 말을 이을 필요는 없다. 단지 쉴 틈이 필요해서 그런 것일 수도 있다. 그럴 경우 상대방에게 여유를 준다. 그리고 그의 말이 충분히 전달되었으며 이해되었고 고맙다고 한다. 감정이입은 상상력 또는 경험을 통해 타인의 감정과 동기를 완벽하게 이해하는 것이다. 상대방의 감정을 일축하거나 무시하는 것은 올바른 태도가 아니다. 오히려 사실에 근거해서 상대방 감정의 타당성을 살피는 것이 좋다.

자신에게 불리한 사실은 누구나 받아들이기가 매우 어렵다. 설사 그 사실을 이성적으로는 받아들여도 심정은 그렇지 않을 수가 있다.

나의 경험을 살펴보면 업무가 처음으로 전산화되는 시기가 오자 대부분의 직원들은 기뻐했다. 그런데 제인만은 이를 곤란해 했다. 제인의 일은 매일의 일정을 관리하는 것이었다. 왜 그녀는 업무의 전산화에 반대했을까? 그녀는 전산화에 따라 필요하게 될 컴퓨터를 다룰 줄 몰랐고, 배우고자 하는 욕망도 없었다. 그녀는 지금까지 해오던 방식이 좋았고, 그것을 바꾸고 싶지 않았던 것이다. 주변에서 이런 경우를 종종 봤을 것이다.

문제점에 대해서 조심스럽게 여러 가지 질문을 해보니, 그녀는 전산화에 대해 공포, 불안감, 의심 등의 느낌을 갖고 있었다. 그녀

적극적으로 들어라

는 학력이 그리 뛰어나지 않았는데, 그것 때문에 컴퓨터 기술을 제대로 익히지 못할 것이라는 걱정이 커졌고, 그렇게 되면 해고를 당하게 될 것이라고 생각하고 있었다.

이러한 내면의 사실들을 끄집어내며 회사에서 추진할 일을 구체적으로 알려주어 그녀의 오해를 풀어주었다. 이로써 우리는 그 상황을 올바르게 파악할 수 있었고 그녀의 문제점을 해결할 수 있는 최적의 방안을 강구했다.

평가를 하기 전에 먼저 감정 뒤에 숨어 있는 사실들을 끄집어내야 한다. 이를 통해 오해를 풀고 오판을 피하는 일석이조의 효과를 가져올 수 있다.

아무리 똑바른 막대도 물 속에 들어가면 구부러져 보인다. 남을 평가하거나 어떤 주제에 대하여 생각할 때, 모든 상황을 정확하게 알기 전까지는 천천히 조심스럽게 판단하자.

– 존 워너메이커

상대방의 감정을
인정하라

상대방의 감정을 인정해주지 않는다면 그는 대화를 제대로 하지 못할 것이다.

성공적인 대화는 상대방의 감정과 정신 상태에 충분한 관심을 갖는 것에서 출발한다. 모든 사람이 감정적으로 행동하는 것은 자연스런 일이다. 감정이 앞서고 그것을 뒷받침하는 논리를 나중에 세우는 경우도 많이 있다. 남과 관계를 형성하려면 상대방의 감정을 인정해주어야 한다.

인간의 지각력은 감정을 일으킨다. 감정은 생각을 하게 만들며, 생각은 행동을 이끌어낸다.

- 상대방의 정신이 혼란스럽거나 기분이 안 좋은가?
- 상대방이 자신의 신상에 대해 걱정하는가?
- 상대방이 감정적으로 대응하는 것을 정확하게 지적해낼 수 있는가?

● 상대방은 의기양양해 있는가? 아니면 화를 내고 있는가?

상대방의 관점에서 문제를 바라보자. "내가 이 사람이라면 어떤 느낌이 들까?"라는 질문을 던져본다.

효과적인 프리젠테이션에 관해 강의를 한 적이 있었다. 적은 수의 사람들에게 가르치고 있었는데, 앞에 앉은 한 사람이 잠을 자고 있는 것으로 보였다(나는 수업 시간에 잠자는 것을 싫어한다). 나는 쉬는 시간에 그에게 다가가서 너무 피곤해 보이니 집에 돌아가서 쉬라고 했다. 그는 나를 쳐다보며 이렇게 말했다. "맞아요. 내 아내가 사흘 전에 죽어서 그렇답니다." 그 말을 듣고 나는 너무 미안해서 이렇게 말했다. "죄송합니다. 그냥 앉아 있어도 됩니다. 잘 들으시면 좋고, 안 그러셔도 전혀 상관없습니다."

– 피터

감정을 조절하며
대화하기

남의 행동에 분노, 실망 또는 절망 등의 느낌을 갖는 것은 정상적인 감정의 발산이다. 하지만 이때 상대방을 어떻게 대할 것인가는 또 다른 문제이다.

감정은 대화에 도움이 되기도 하지만 방해가 될 때도 있다. 대화를 할 때는 일단 처음부터 반응을 보이지 않고, 될수록 평가를 유보하는 것이 좋다. 그리고 자신의 감정을 조절하는 방법을 터득해야 효과적으로 대화를 이끌 수 있다.

우리는 원인과 결과, 자극과 반응의 상호 작용이 일어나는 세계에 살고 있다. 뛰어난 화술가는 남의 행동에 자극을 받게 되면 잠시 멈추어 생각함으로 한결 여유 있게 반응한다. 생각할 여유가 있다면 최선의 대답을 하기가 쉬워진다. 감정적으로 격해지면, 숨을 가쁘게 쉬고, 턱, 목, 어깨 등의 근육이 긴장한다.

의심스럽다면 긴장된 사람, 흥분한 사람, 분노에 찬 사람을 보

라. 그들은 이런 상태를 그대로 보여준다. 이러한 신체의 방어적 반응을 가라앉히고, 뇌에 산소를 공급해야 원활한 대화를 계속할 수 있다. 이것은 어떻게 이룰 수 있는가? 마음에 닻을 내리는 것도 한 방편이 될 수 있다. 즉 턱, 목, 어깨 근육의 긴장을 풀고, 숨을 깊게 쉴 수 있는 견인 장치를 개발하는 것이다. 우선 오른손의 엄지와 집게손가락을 쥐며, '멈춤' 교통 표지판을 떠올린다. 이 상은 깊게 숨쉬고, 근육의 긴장을 푸는 데 도움을 준다. 마음의 닻을 내리는 기술로 평정을 찾는 데는 오랜 시간이 걸린다. 3주 동안 매일 연습해야 효과를 볼 수 있다.

멈춤 표지판을 깊은 호흡, 그리고 근육 이완에 연결시켜보자. 엄지와 집게손가락을 쥘 때마다 이것을 떠올리면 쉽게 감정 조절을 할 수 있다. 하루에도 여러 번, 매일 연습하면 무거운 압력에 시달릴 때도 평정을 유지할 수 있도록 분명히 도움을 줄 것이다.

> 회의 상에서 나와 반대 의견을 가진 인물을 소개하게 되자, 머리털이 곤두서고 얼굴이 빨개지는 느낌이 들었다. 나는 멈춤 표지판을 마음에 떠올려 감정을 제어했다. 감정을 억누르기 위해 표지판을 여러 번 떠올려야 했다. 나는 숨을 깊게 들이마시고, 의식적으로 근육의 긴장을 풀었다. 나는 상대방의 대답 자체에만 집중을 하며 최선의 대답을 했다. 그리고 그의 의견에 대한 해명과 근거를 요구하자 그는 당황하며 화를 냈다. 나를 포함한 모든 사람은 바보처럼 언성을 높이는 그 사람을 침착하게 쳐다보았다.
>
> ─ 로버트

감정이입과 동정은 다르다

감정이입과 동정은 차이가 있다. 감정이입은 자신이 똑같이 느끼지 않더라도 상대방의 감정을 진실되고, 정당한 느낌으로 인정하는 것이다. 반면에 동정은 상대방의 감정을 자신도 갖는 것이다.

감정이입을 할 때는 자신의 감정을 조절하는 것이 중요하다. 특히 상대방에게 나쁜 소식을 전해야만 하는 입장이라면 더욱 그렇다. 이럴 경우, 상대방이 마음의 준비를 할 수 있도록 해야 한다. 우선 상대방에게 나쁜 소식이 있다는 것을 직접적으로 알려주는 것이 좋다. 이럴 때 상대방이 대비를 할 수 있도록 한다. 상대방의 감정을 고려하여 설득하는 것이 이성과 논리를 사용하여 설득하는 것보다 훨씬 쉽다.

직원을 해고해야 하는 상황이 온다면 어떻게 하는 것이 좋은가? 부하 직원이 방에 들어서자마자 "나쁜 소식이 있어요"라고 말한다. 일단은 해고되었다는 사실을 말하고 이유를 설명한 다음에는 질문이 있으면 하라고 말한다. 이때 물론 상대방의 감정을 그대로 느낄 수는 없다. 하지만 그 사람의 감정을 존중하고 이해해주는 것은 중요하다.

반대의 경우도 마찬가지이다. 아무리 작은 일이더라도 부하 직원이 성과를 보이면 그 사람에 대해 아낌없이 칭찬해 주어야 한다. 그러면 상대방이 갖고 있던 긍정적인 태도는 더욱 좋아질 것이다. 성과를 인정하는 것은 상대방에게는 최고의 동기부여가 된다. 칭찬과 보상이 주어지면 성과는 계속 나타날 것이다.

처음으로 직원을 해고했을 때, 나는 해고당한 직원만큼 마음의 상처를 입었다. 그를 해고하는 것은 어쩔 수 없는 선택이었지만, 그에게 말하기까지 며칠을 망설였다. 그를 해고할 때 나는 무섭고 단호하게 보이고 싶었으나, 부하 직원의 실망한 얼굴을 보자 나의 표정은 풀어지고 말았다. 그가 앞으로 어떻게 할 것인지 이야기하다 보니, 차라리 내가 해고당했으면 좋겠다는 생각이 들 정도였다. 그는 매우 훌륭한 직원이었지만, 그의 업무가 더 이상 필요하지 않다는 것이 문제였다. 그때 나는 진심으로 그가 잘되길 바라는 마음을 보여줌으로 단순히 고용인과 피고용인의 신분이 아닌 친구로서 헤어질 수 있었다고 믿는다.

상대방에게 관심을 보여주는 것은 자신의 기분이 좋아지는 것은 물론이고, 상대방 역시 버림받았다거나 고독한 느낌을 받지 않는다.

– 로버트

호흡과
감정의 관계

감정은 일반적으로 호흡과 몸의 생리상태를 반영한다. 불안, 놀람, 흥분 등의 상태에서 사람은 숨을 가쁘게 쉰다. 이완, 편함, 심사숙고 등의 상태에서는 숨을 깊이 들이마시게 된다. 이러한 사실은 남을 이해하는 데 있어서 중요한 요인이다. 상대방의 호흡과 자세를 따라하면 상대방과 비슷한 느낌을 갖게 되고 상대방의 생각을 보다 더 잘 이해할 수 있다.

남들의 호흡 시간을 알기 어려울 수도 있다. 하지만 이것은 상대방의 어깨를 보면 쉽게 알 수 있다. 상대방을 둘러싼 배경에 비추어 보았을 때, 어깨가 어느 정도 움직이는지 살피고 자신의 호흡도 상대방의 호흡에 맞춘다. 그리고 상대방의 자세와 비슷하게 하여 상대방과 최대한 비슷한 정신 상태에 빠져본다.

하지만 조심해야 할 점이 있다. 상대방의 숨쉬는 법이 자신과 너무 많이 다르다면, 상대방을 따라하는 것을 유지하기가 어려울 것이다. 이때 이런 행동을 너무 오래할 필요는 없다. 상대방을 이해하는 것이 목적이지 그대로 모방하는 것은 의미가 없다. 이제 상대방의 느낌에 대한 충분한 이해가 이루어졌다면, 다시 자신의 원래 호흡과 말하는 속도로 돌아와도 무방하다. 호흡은 매우 중요한 활동이다. 너무 오랫동안 숨을 참거나, 숨쉬는 것을 잊어선 안 된다.

나는 호흡과 감정의 관계가 실제 증명되는 것을 확인했고, 많은 청중 앞에서도 그대로 재현되는 것을 보았다. 서로를 알지 못하는 두 명이 방 앞으로 불려나갔다. 한 명은 마음속으로 과거의 경험을 기억해내고, 그대로 재현하라는 지시를 받았다. 나머지 한 명은 단순하게 상대방의 호흡과 자세를 지켜보고 따라하라는 지시를 받았다.

5분이 지나서 상대방의 호흡과 자세를 따라하던 실험자의 감정 상태가 어떠한지 물어보았다. 결과적으로 두 사람의 감정은 비슷하게 나타났다.

감정이입을 더 잘 할 수 있는 방법이 없을까? 상대방의 자세와 호흡을 따라해보자. 그러면 믿어지지 않겠지만 효과는 확실하게 나타난다.

- 로버트

튀는 음반처럼
반복하기

망가진 음반은 앞으로 나아가지 못한다. 오래 전에 사용하던 비닐 판이 그러한 경우가 많았다. 즉 바늘이 음반의 한 곳에 껴서 같은 부분이 계속 반복되는 것이다. 대화에도 이러한 경우가 있다. 주제에서 엉뚱한 곳으로 비껴가거나, 아예 주제를 바꾸려고 하는 사람들이 있다. 이런 사람은 상대방의 위, 아래, 옆 등으로 돌아가려 한다. 이때 주제에 대하여 계속 논의하고, 질문의 답변을 얻어내거나, 다른 주제로 넘어가기 싫다는 의사표명을 하기 위해 튀는 음반 기술을 사용할 수 있다. 그러고 싶은 사람은 아무도 없겠지만 똑같은 문제에 대하여 열 번도 더 반복해야 하는 상황에 마주칠 때도 있다. 그럴수록 더욱 얼굴에 웃음을 띠고 말하는 것이 중요하다.

이런 경우 자신이 원하는 바를 밝히고, 그것에 집중하도록 노력하는 것이 중요하다. 상대방이 옆으로 비껴간다면, 일단 그들이 말하는 것을 인정해준다. 그리고는 다시 앞서 말한 것을 반복한다. 이 방법은 간단하면서 효과적이다.

나의 영향력 밖의 일

주 복지 기관에서 근무하던 한 여성이 나에게 서류 작성을 제대로 하지 않아 권리가 있는데도 혜택을 누리지 못하는 사람이 많다는 사실을 털어놓았다. 그녀는 이 점이 매우 안타까웠지만, 어찌 할 도리가 없었다. 복지 혜택 수령인들은 자기들의 부주의로 일어난 일인데도 그녀를 욕하고, 비난하고, 탓하길 멈추지 않았다. 그래서 나는 튀는 음반 비법이 도움이 된다는 사실을 그녀에게 가르쳐 주었다.

· "내가 혜택을 받든 못 받든 당신은 상관 안 하죠?"라고 상대가 윽박지를 때마다 그것을 받을 수 있는 조건을 설명해준다.
· 그들의 입장을 인정해주고, 조건을 다시 설명하면서 "저도 당신이 혜택을 받기를 원합니다. 그래서 제때에 서류 기입을 잘 해주셔야 합니다"라고 답변한다.
· "아이들이 길바닥에 나앉게 생겼어요"라고 상대가 응수한다면 "이러한 문제가 생기지 않게 제때에 서류 기입을 제대로 하시기를 바랍니다"라고 받아치면 된다.
· 뭐라고 말하더라도 변화가 없을 것이라는 사실을 상대방이 깨달을 때까지 위의 방법을 반복한다.

- 로버트

태도를 바꾸면
삶이 즐겁다

남을 대할 때는 이유가 이렇든간에 그와 함께 하기 위한 진지한 노력을 기울여야 한다. 상대방에 대한 느낌은 그에 대한 평가를 바탕으로 이루어진다. 물론 그 반대의 경우도 마찬가지이다. 상대방과 일하기 위해서는 긍정적이고 유연한 사고 방식을 도입해야 한다. 그리고 상대방에게 편안하며, 친근하고 분명한 모습으로 다가가는 것이 좋다.

올바른 태도를 갖기 위해 다음 사항을 참조하기 바란다.

- 움직인다 - 움직임은 감정의 변화에 도움을 준다.
- 긍정적인 글을 읽거나 생각한다. (스스로에게 긍정적인 말을 건다.)
- 좋은 음악을 많이 듣는다.
- 자신감을 불어넣는 내용의 테이프를 듣는다.

- 스스로를 집중시킬 수 있는 장치를 사용한다.
- 오랜 친구를 만나는 느낌을 갖는다.
- 다음과 같이 행동한다.
  - 상대방에게 관심과 동정심을 보인다.
  - 생각, 말, 행동에 일관성을 보인다.
  - 언뜻 보면 무방비 상태로 보일 정도로 자신감을 갖는다.
  - 어려움을 헤쳐나갈 수 있도록 긍정적인 면을 부각시킨다.

대화에 있어서 자기자신을 어떻게 받아들이는가는 매우 중요한 문제이다. 화술이 뛰어난 사람들은 이것이 매우 중요하다는 것을 알고 이를 적절하게 이용할 줄 안다. 자신을 긍정적으로 바라보면, 다른 이들에게도 그렇게 보일 것이고, 남들도 똑같이 당신을 긍정적으로 대할 것이다. 부정적인 태도를 내비치면 상대방도 똑같이 반응할 것이다.

올바른 자아상은 어떻게 만들 수 있는가? 회의에 참석할 때, 자신의 분야가 무엇이든 간에 자신이 최고라고 믿는 것이 중요하다. 가수라면 키리 데 카나와 혹은 루치아노 파바로티라고 생각하는 것. 화가라면 조지아 오키프 혹은 파블로 피카소라고 믿는 것. 이 세상이 당신의 그림을 사고 싶어한다고 생각해 보라. 영업 사원이라면 할당량의 3배를 판매할 수 있다고 믿으며 수많은 곳에서 자신을 스카웃하려고 한다고 생각하라. 이렇게 자신감이 생긴다면, 실제로 좋은 효과가 나타난다. 공격적인 면은 없어지고, 진정한 자신감과 집중력이 생기고 일을 척척 해나갈 수 있다.

그리고 대화라는 것은 일단 파트너를 잘 이해해 상호 협력하에 일을 잘해내는 것이 목적이다. 상대방을 평가하는 시간은 뒤로 미루는 것이 좋다. 이미 끝난 일에 대해 평가를 해야지, 미처 종결되지도 않은 것을 평가할 수는 없다. 상대방의 생각에 동의하지 않더라도 그를 존중하는 것은 기본이다. 특히 상대방과 친밀해지기 위해서는 무엇보다 의심을 버려야 한다.

충분한 훈련이 되어 있다면 대화시 올바른 태도를 취하는 것은 매우 쉬운 일이다. 기술은 훈련과 노력으로 얻을 수 있다. 태도는 그것을 성취하는 욕망이라고 할 수 있다. 태도가 불성실하다면 뛰어난 기술과 능력도 효과를 발휘할 수 없다. 태도를 바꾸면 분명히 성과가 나타나게 된다. 효과적인 화술을 구사하는 자는 언제나 긍정적인 사고 방식과 자신감 때문에 실패하지 않는 것이다.

– 로버트

태도를 바꾸면 삶이 즐겁다

성공을 위해
들어라

일반적으로 말을 하는 사람보다는 듣는 사람의 이해력이 빠르다. 말하는 사람이 던진 몇 마디의 말만으로도 어떤 내용을 말하는지 듣는 사람은 이내 눈치챌 수 있기 때문이다. 그러다 보니 듣는 사람은 말하는 사람이 다음 순간에 할 말을 미리 알아차려 대화를 할 때 금방 지루함을 느끼게 된다. 듣는 사람이 지루함을 느끼면 대화를 빨리 끝내고 싶은 충동을 느끼게 되며, 더 이상 상대방의 말을 주의 깊게 들을 수가 없다.

말을 잘 하는 것만큼이나 잘 듣는 것도 중요하다. 남의 말을 잘 들어주는 사람은 일단 상대방으로부터 신뢰감을 얻을 수 있기 때문이다.

적극적으로 듣기 위해서는 먼저 상대방이 하는 말을 성심껏 들어야 한다. 또한 상대방이 하는 이야기의 핵심이 무엇인지 전체적인 의미를 파악하고 도중에 말이 끊기지 않도록 해야 한다. 남을 이해하는 최선의 방법은 성심껏 듣는 것이다.

상대방이 무슨 말을 하는지 집중하여 듣고, 말하고자 하는 의도를 제대로 파악하여 호응해 준다면 상대 또한 내가 하고자 하는 이야기에 대해서 마찬가지의 태도를 취할 것이다.

대화를 통해 신뢰감이 쌓이면 인간관계는 자연스럽게 돈독해지기 마련이어서 사업상 만나는 관계일지라도 훨씬 효과적으로 일 처리를 할 수가 있다.

남이 하는 이야기를 한 귀로 흘려듣다가 갑자기 중요한 질문을 받고 당황한 적이 있었을 것이다. 차분한 성격의 소유자라면 침착하게 "미안하지만 무슨 질문인지 잘 알아듣지 못하였습니다. 다시 한 번 말씀해 주실 수 있나요?" 하면서 대처할 수 있다. 하지만 대부분의 경우는 당황하여 더듬거리면서 엉뚱한 대답을 하고 만다. 그러면 상대방은 듣는 사람이 주의 깊게 듣고 있지 않았다는 사실을 확연히 깨닫게 된다.

듣는 것은 적극적인 행동이며, 우리가 주의 깊게 듣고 있지 않을 때 상대방은 이를 금방 알아차린다는 것을 인식하라. 주의 깊게 듣고 있음을 상대방이 확신하도록 하라.

성공을 위해 들어라

듣는 행동은 자신에게 이익이 될 수 있다

나는 그리스 신화에 조예가 깊은 한 교수에게서 작은 집을 샀다. 이를 계기로 학창 시절에 들었던 신화에 대한 수업이 문득 그리워졌다. 마침내 우리는 계약을 맺었고, 그 교수가 나를 저녁 식사에 초대했다. 나는 약속 장소에 가기 전 집에서 신화에 관한 책을 들춰보고 그에 대한 전문 용어를 몇 개 익혀두었다. 그에게서 어떤 반응이 나타날지 궁금하여 나는 식사를 하면서 신화에 관한 이야기를 꺼냈다. 그는 무척이나 좋아하여 말하기 시작하더니 저녁 식사 내내 그 얘기를 멈추질 않았다. 나는 그가 하는 말을 꼼짝없이 듣고만 있었다. 그 이유는 내가 신화에 대하여 잘 모르기 때문에, 그리고 그가 말하는 걸 멈추지 않았기 때문이었다.

식사를 마치고 떠나려는데 그는 정말로 멋진 저녁 식사와 대화였다고 내게 말했다. 게다가 기분이 좋아진 그는 계약에 여러 가지 좋은 조건을 넣어주기까지 했다. 그는 그리스 신화 얘기를 꺼낸 내게서 동질감을 느낀 것이다. 즉 나를 자기편이라고 생각했던 것이다.

- 피터

실수를 인정하라

누구든 약속을 지키지 못할 때가 있다. 그 사실을 미리 상대방에게 알릴 수 있다면 좋지만 그럴 수 없는 경우도 있다. 다만 그런 일이 발생했을 때, 어떻게 처신하느냐에 따라 상대방과의 관계가 좋아질 수도 있고 악화될 수도 있다.

본의 아니게 실수를 저질렀다면 가능한 빠른 시간 내에 자신의 잘못을 인정하고 상대방에게 진심을 다해 사과해야 한다. 사과를 하면 마음이 편해지고, 피해를 입은 상대방도 계속 화를 낼 수 없게 된다. 더 나아가서는 실수로 인해 손상된 인간 관계를 회복할 수도 있다.

때에 따라서는 내가 직접적인 실수를 하지 않는데도 먼저 사과를 해야 할 경우가 있다. 모든 일을 논리적으로 따져 옳고 그름을 판가름할 수는 없다. 상황에 따라 나의 행동의 잘잘못을 떠나 상대방의 입장을 먼저 생각해줄 필요도 있다는 것이다.

나이가 들수록 자신의 실수를 인정하기가 어려워진다. 남에게 진심으로 사과할 수 있는 용기가 점점 부족해진다. 자신의 실수를 인정한다면 제대로 사과하는 방법도 알아야 한다.

약속을 지키지 못했을 때

나에게도 이런 일이 있었다. 아주 중요한 고객과 12시 오찬 약속이 레스토랑에서 있다고 수첩에 적어두었다. 하지만 실제로는 상대방의 사무실에서 만나기로 약속을 했다는 것이 문제였다.

레스토랑에 도착해 내 실수를 알아차렸을 때, 나는 즉시 내 부주의에 대하여 분명하게 사과하고 책임질 것을 약속했다. 그녀가 사무실에서 기다리는 시간이 매우 귀찮았을 것이라고 위로했으며, 그녀가 편안한 시간에 점심을 초대하겠다고 했다. 그녀는 이를 거절했으나, 나는 두 번이나 더 간곡히 부탁해서 그녀는 결국 제의를 받아들였다. 그리고 이러한 약속은 매우 특수한 경우이고, 매번 그런 것은 아니라고 했고, 승낙해 준 것에 대해서 고맙다고 말했다.

우리의 관계는 깨지지 않았고, 요즘은 첫 만남에 대하여 웃으면서 이야기할 수 있는 사이가 되었다.

– 로버트

잘못을 했다면 진심으로 그 사실을 인정하고, 그에 합당한 책임을 져야 한다. 만약 잘못을 하지 않았다면 상대방의 사정을 충분히 인정해준다. 상대방의 오해 때문이라도 일단은 사과하는 것이 좋고 특수한 경우가 아니면 변명은 하지 않는 편이 좋다. 또한 상황을 호전시키거나 두 번 다시 같은 일이 반복되지 않도록 어떤 행동을 할지 밝히고, 상대방에게 동의를 얻어 그들이 스스로 상황을 제어하게끔 만들어준다.

상대방에게
집중하기

적극적으로 듣는 몇 가지 방법 중에서 상대방에게 집중하는 것은 매우 중요한 요소이다. 상대방의 말을 귀기울여 들어주고 집중하는 것은 예절을 지키는 것이기도 하지만, 상대방에게서 원하는 것을 얻는 중요한 방법이기도 하다.

발성, 얼굴 표정, 몸짓 등은 언어를 사용하지 않고 상대방에게 집중하는 방법이며, 정신적, 물리적으로 상대방 곁에 있어주는 것이다.

발성은 단어("아, 정말이요?", "그래요?"), 감탄사("음", "아"), 그리고 침묵으로 이루어진다. 이것은 강력한 의사 표현은 아니지만 자신이 상대방의 말을 제대로 듣고 있다는 것을 알리는 좋은 방법이다.

얼굴 표정은 가장 중요한 요소로서 눈을 마주치는 것과 미소를 들 수 있다. 이러한 행동은 자연스럽게 느껴지고 보여져야 한다.

또한 침묵에 익숙해지는 것도 빼놓을 수 없다. 침묵은 상대방에게 정신적 공간을 남겨 그가 생각할 수 있는 여유를 준다.

몸짓도 편안하고 부드럽게 나타나야 한다. 몸짓은 상대방의 행동을 반영해야 한다. 그를 북돋아주거나 힘을 주는 몸짓을 취하는 것은 상대방을 이해하는 데에도 도움을 준다. 자신이 먼저 대화에 집중하면 상대방도 함께 집중하게 된다.

듣고 있다는 것을 상대방이 알게 한다

남을 위해서 이야기한다고 하는 사람의 말일수록 집중해서 듣기가 더욱 어렵다(거의 불가능하다). 어떻게 그다지도 무신경할 수 있을까! 상대방은 다른 일로 바쁜데 남의 이야기를 마냥 듣고만 있을 수는 없다.

몇 년 전 신문에서 본 만화가 문득 기억난다. 한 소년이 신문을 읽고 있는 아버지에게 말을 하려고 하면서 이렇게 말했다. "아빠, 내 말을 눈으로도 들어야지." 바로 이 소년의 말에 진실이 담겨 있다.

자신의 지각력을 자만해선 안 된다. 상대방이 듣고 있지 않다고 느낀다면 그것은 십중팔구 사실이다. 그가 방금 했던 이야기를 모두 반복할 수 있다 해도 왠지 무시당한 듯한 느낌은 지울 수 없을 것이다. 이는 그저 듣는 것과 경청하는 것에 차이가 있기 때문이다. 듣고 있다는 것을 상대방에게 보여주는 것은 매우 중요하다. 상대방의 말에 귀기울이자.

– 로버트

상대방에게 집중하기

제대로 짐작하기

지레짐작하는 행위는 이해하는 능력을 모든 면에서 저하시킨다. 가정은 그 사실을 자신과 상대방 모두가 알아야 하고, 서로의 이해를 돕는 데에만 사용되어야 한다. 어떤 사안이라도 정확하게 모를 때에는 가정하지 말아야 한다. 이때 지레짐작하는 것은 매우 위험한 행동이다. 스트레스를 과중하게 받는 상황이라면 더욱 시간적 여유를 두고 상대방이 의미하는 바를 숙고할 필요가 있다. 다음 방법이 도움이 될 것이다.

1. 숨을 들이마신다. 산소가 많이 필요할 것이다.
2. 상대방과 눈을 맞춘다.
3. 말을 확인한다. "다시 말씀해주세요"라고 하면 시간을 벌고, 생각할 여유를 가질 수 있다.
4. 조심스럽게 듣고, 상대방이 중요하게 생각하는 점에 대하여 간단하게

답변한다.

5. 상대방의 대답을 기다리는 동안 침묵한다.

그렇다면 어떠한 가정을 세우는 것이 필요한가?

자신의 지식과 유연함에 대해 항상 열린 태도를 지닌다

"내가 전문가야!"와 같은 최후 통첩식 선언은 좋지 않다. 신선하고 창조적인 아이디어에 항상 귀를 열어두어야 한다. 좋은 아이디어는 어디서든 나타날 수 있기 때문이다.

청자의 반응과 감정에 대한 가정

상대방의 행동과 느낌을 가정해버리면 그들의 실제 행동과 느낌에 대해서는 판단할 수 없게 된다.

의사소통의 완벽함에 대한 가정

의사소통에 있어 가장 큰 착각은 귀에 들리면 남의 말을 이해할 수 있고, 말을 할 수 있다면 상대방에게 의사 전달을 정확하게 할 수 있다는 믿음이다. 이러한 가정은 말을 하기만 하면 상대방이 자신의 말을 모두 이해했을 것이라는 잘못된 기대를 하게 되고, 더 이상의 피드백이 필요 없으며 상대방의 반응은 중요하지 않다는 태도를 보이게 한다.

사람들 또는 환경에 대한 가정

다음에 나오는 말들이 그 좋은 예이다. "어쩔 수 없었어." "나 혼자 어떻게 하겠어." "이곳은 바뀌는 것이 없어." "다들 하는 거잖아." 아마도 많이 들어본 이야기일 것이고, 스스로도 많이 내뱉은 말일 것이다.

자신이 모르는 것은 어떠한 일도 짐작하지 않는 것이 좋다.

– 피터

다른 사람의
간섭에서 벗어나기

타인의 엉뚱한 간섭 때문에 일을 제대로 수행하지 못하는 경우가 종종 생긴다. 남의 방해를 막기 위해서 여러 가지 행동을 취할 수 있다. 일단 생각나는 것 세 가지는 문을 닫고, 시선을 마주치지 않으며, 건물을 나가는 것이다. 그런데 남이 이미 간섭을 한 이후라면 어떻게 대처할 것인가?

스스로에게 묻는다. "이것이 내가 지금 하고 있는 일보다 중요한가?" 이에 대한 대답이 "예"라면 하던 일을 멈추고, 자리에서 일어나서 상대방의 말에 집중하자. 대답이 "아니오"라면 자리에서 일어나 상대방과 약속을 나중으로 다시 잡는다.

불행하게도 우리는 내가 필요한 것은 모두 긴급하고, 남이 필요한 것은 모두 방해물로 여긴다. 언뜻 보면 불공평해 보일지 모르지만, 너무 바빠서 남을 돕지 못하는 경우가 있는 것은 사실이다.

누군가 사무실에 들어왔는데 그녀와 대화할 시간이 없다면 이 방법을 사용해보자. 우선 자리에서 일어난다. 책상 앞으로 걸어가 상대방과 인사한다. 계속 서서 대화한다. 사무실에 손님을 위한 의자가 없다면 더욱 효과적이다. 그렇게 하면 상대방이 "잘 알지?" 형식으로 바쁜 당신을 대화에 끌어들이려는 노력에 말려들지 않을 것이다.

오랫동안 서 있는 것만큼 고통스런 일도 없다. 그것 때문에 상대방과 대화를 하는 시간은 줄어들 것이다. 이제 상대방은 어쩔 수 없는 이유를 제외하면 두 번 다시 사무실에 오지 않을 것이다. 이로써 더 많은 일을 할 수 있는 시간이 생겼다.

남을 간섭하지는 말고, 남의 간섭은 즐겁게 받아들여라.

ㅡ 로버트

어긋나게 하기

대화를 고의적으로 중단시키고 싶을 때 사용하는 기술이 '어긋나게 하기'이다. 사실 이것은 일상적으로 행해진다. 그렇지만 대화를 중단해야 된다는 것을 의식하고 있다면 좀더 부드럽게 이를 수행할 수 있다.

상대방의 말, 목소리, 신체 언어 등과 자신의 말, 목소리, 신체 언어를 어긋나게 하면 대화가 끝났다는 뜻을 은근하게 전달할 수 있다. 이것은 감각적 단어를 사용하지 않기, 말의 속도 변화, 고개 돌리기, 시선 흘리기 등을 이용하는 기술이다. 하지만 만남이나 대화를 중단할 때, 무례하게 보일 정도로 이를 사용하는 것은 좋지 않다. 그럼에도 불구하고 필요하다면 망설임 없이 사용해야 한다.

끝이 보이지 않는 대화 또는 목적이 달성된 만남을 중단할 때 가장 유용한 말은 "이제 가봐야겠습니다"라고 생각한다. 시간 약속, 쌓인 업무 등의 여러 가지 핑계를 들어 이를 뒷받침하는 것도 좋다. 하지만 만남 또는 대화가 끝났다는 것을 분명하게 인식시키지 않는다면 사소한 변명은 소용이 없다는 것을 염두에 두어야 한다.

> 얼굴을 마주보고 하는 대화도 전화처럼 끊어야 할 때가 있다.
> 이때는 부드럽지만 단호하게 대화를 중단하자.
>
> – 로버트

비밀을 지키는
사람이 되라

감정이입이 끈끈한 믿음을 형성한다면, 배신은 믿음이 산산이 깨지는 상황을 초래한다.

자신이 믿고 있던 한 사람에게만 비밀을 털어놓았는데 남들이 모두 알아버려서 그 사람에 대한 신뢰를 잃어버린 적이 있는가? 느낌이 어떠했는가? 이런 사람을 두 번 다시 믿을 수 있을까?

신뢰를 저버린 것으로 문제가 끝나지 않을 수도 있다. 개인적인 문제 또는 부정 행위를 공개하여 동료 직원을 배신하는 경우가 생겼다고 치자. 이를 공개적으로 내놓는 것은 상대방의 신뢰를 잃는 것은 물론이고, 상대방으로부터 심한 반발, 더 나아가서 법정 문제로까지 비화될 수도 있다. 동료의 배신을 복수하기 위해 법정 소송을 불사하는 모습은 요즘 신문의 단골 기사이다. 이런 일은 누구에게나 일어날 수 있다는 것을 명심해야 한다.

어떤 말은 되돌릴 수 없는 경우도 있다. 부인에게만 털어놓은 비밀 이야기를 동료에게서 그대로 들었을 때, 짐은 이제 자신의 결혼 생활이 끝이라고 생각했다. 짐은 더 이상 자신의 비밀스런 소망과 문제를 부인에게 털어놓을 수 없다고 생각했다.

사람끼리 신뢰를 형성하는 데는 몇 달에서 몇 년이 걸린다. 그러나 그것을 잃는 것은 한 순간이면 충분하다.

신뢰감을 유지하려면 극히 조심해야 한다. 한 사람이 믿지 못하는 자를 다른 사람들이 믿을 수 있을까? 비밀은 끝까지 비밀이어야 한다. 이것을 지키지 못하는 것은 명예를 지키지 못하는 것이다. 명예는 가장 중요한 재산이라는 것을 잊지 않는 것이 좋다.

> 자신이 대접받고 싶은 만큼 남을 대접하라.
>
> — 피터

오해는 사소한
것에서 시작된다

오해는 말하는 사람이 자신의 의사를 정확히 전달하지 못했을 때 생길 수 있다. 하지만 이것은 듣는 사람이 자신의 이해 정도를 말하는 사람에게 알리지 않고, 이에 말하는 사람이 갈피를 잡지 못하여 일어날 수도 있다. 듣는 사람은 대화를 이끌어나가는 사람이 말하는 것을 조종할 수는 없지만, 대화의 과정에 적극적으로 개입할 수 있다. 적극적으로 대화에 참여하다 보면 어려운 대화조차 성공적으로 이해할 수 있게 된다.

기업 전문 작가이자 강사인 톰 피터스는 이렇게 주장한다. "현실은 없다. 단지 지각만 있을 따름이다." 갈등과 오해는 듣고, 보고, 느끼는 것을 자신의 세계관에 따라 가려서 받아들이기 때문에 생긴다.

수동적인 태도로 듣는다면 상대방의 말을 오해하기 쉬워진다. 특히 청자는 자신의 필요에 따라 선택적으로 듣고, 그 내용을 왜

곡한다.

가려 듣기는 선택적으로 듣는 것이다. 즉 자신이 지각하는 현실에 부합하는 것을 듣는다. 그래서 사람들은 자신이 생각하기에 중요한 것만 듣는다.

이러한 오해는 이야기의 커다란 상을 보지 않고, 사소한 것에 집착할 때 쉽게 일어나게 된다. 그리고 말하는 사람을 싫어하거나 믿지 못한다면 오해는 더욱 심해진다.

말의 내용이 문제가 아니다

회의가 끝나고 한 동료가 다가와서 말을 건다고 상상해 보라. 그리고 이렇게 불평한다. "우리가 회의에 들어갈 필요가 없었어. 그냥 할 일만 이메일로 보내줬으면 수고를 덜었잖아. 우리 생각엔 관심도 없는 사람들이라구."

그리고 당신은 이렇게 대답한다. "그거야, 우리를 직접 보고 정보를 주려면 회의를 하는 것이 가장 좋다고 판단해서겠지." 설사 당신의 말이 맞더라도 이미 한 가지 실수를 저질렀다. 상대방은 말의 내용을 이해해달라는 것이 아니라, 수긍을 원했던 것이다. 더 좋은 대답은 다음과 같다. "네 말이 맞아! 이메일로 일을 보내줬으면 얼마나 좋아? 그 앞에서 말했으면 더 좋았을 텐데. 어떻게 하는 것이 좋을까?"

이렇게 인정해주면 상대방은 자신의 의견을 더욱 개진하기 쉬워질 것이다. 만약에 그 문제에 대하여 더 말하고 싶지 않다면 다음과 같이 말하면 된다. "그래."

– 로버트

위성 안테나를 떠올려보자. 청자는 수신기이고, 화자의 말은 송신되는 신호이다. 신호는 가끔 강하고 분명하게 다가온다. 하지만 그렇지 못할 때도 있다. 신호가 막히면, 왜곡이 생긴다. 이처럼 선택적 듣기와 그 외의 장애물은 이해를 저해한다.

오해는 대화에 있어 일반적인 현상이라고 할 수 있다. 대화를 할 때 70~90퍼센트를 흘려듣고, 48시간이 지나면 그나마 일부분만 기억하는 것이 사람이다. 그러므로 청자는 위성 안테나처럼 원래 의도대로 말을 듣기 위한 노력을 해야 한다.

마음을 열면
세상이 달라보인다

스쿠버 다이빙을 해보면 알겠지만, 깊은 물 속에 숨어 있는 산호초의 아름다운 빛깔은 빛이 없다면 무용지물이라는 사실에 놀랄 것이다. 그것은 물이 색깔을 탈색시키기 때문이다. 수심이 깊어질수록 색은 점점 구별하기 어렵게 된다. 하지만 휴대용 전등을 가지고 내려간다면 그 아름다움을 만끽할 수 있다.

사람의 지각력은 물처럼 사실을 덧칠해버린다. 그리고 이렇게 변색된 것을 사실이라고 믿게 된다. 실제로 사람이 지각하는 현실은 개인적인 관념에 의해 굳건하게 지켜진다. 남이 하는 말은 지각의 필터를 거치고, 필터를 거친 말은 왜곡된다. 이렇게 왜곡된 사실과 일반화로 점철된 인식은 대화에 커다란 장애가 된다.

일단 자신의 지각 필터에 대해 인식하고 있다면, 그것이 대화에 어떤 식으로 영향을 주는지 알 수 있다. 사람들은 저마다 서로 다른 지각 필터를 갖고 있기 때문에 현실을 지각하는 관점은 무한히 많다. 그럼에도 불구하고 자신이 지각하는 범위를 넓히면(해저의 산호초에 빛을 비추어 아름다운 색깔을 볼 수 있듯이) 현실에 더 가까이 다가갈 수 있다. 좀더 나아가 관점을 바꾸면 똑같은 현실이라도 그 전과는 다르게 받아들일 수도 있다. 이렇게 편견을 버리고, 사고를 유연하게 하며, 상호간의 차이를 인정하려면 조심스럽게 듣고, 관찰하며 질문을 던져야 한다. 교육의 목적은 다양한 가능성에 마음을 열도록 하는 것이지 편견에 옭아매기 위한 것이 아니라는 것을 명심해 두자.

진실이 어떻든 간에 사람들은 자신이 보는 현실에만 관심을 가지는 것이 사실이다. 그리고 "내가 말했지?" 또는 "그럴 줄 알았어"라고 함부로 말해버린다. 셰익스피어도 이러한 현상을 발견하고 다음과 같이 말했다. "선과 악, 또는 옳고 그름이 따로 있는 것이 아니다. 단지 그런 것처럼 생각할 뿐이다."

어쨌든 열린 태도를 갖는 것은 어려울지도 모르지만 절대로 불가능한 일이 아니다. 이것은 상대방의 입장에서 말을 들어보는 것으로 시작할 수 있다. 그 후에 말에 대한 근거를 찾아도 늦지 않다.

"길에 아무도 없어." 앨리스가 말했다.

"나도 그런 눈을 갖고 싶어." 왕이 초조해하며 말했다. "아무도 볼 수 없다니. 그렇게 가까운 거리에서. 정말 부럽군. 이 정도 밝기에서 내가 진짜 사람을 볼 수 있는 정도는 되는군!"

— 루이스 캐럴, 「이상한 나라의 앨리스」 중에서

마음을 열면 세상이 달라보인다

남을 평가하기 전에
나를 평가하자

피드백은 적극적으로 듣기의 접근법에서 매우 중요한 역할을 한다. 이 접근법의 하나인 '반영하고 인용하기'는 상대방을 고려하고, 그의 말을 인용하는 것이다. 상대방을 고려하며 듣는 것은 화자의 말을 오해하지 않을 소지를 줄인다.

대화를 잠시 멈추고 들은 내용을 자신의 말로 반복한 후에 상대방의 말을 제대로 이해한 것인지 확인한다. 이때 고려할 점은 감정, 내용, 태도이다.

감정을 어떻게 고려할 것인가? (상대방이 무관심하거나) 감정 문제가 대화를 방해한다면 그가 무엇을 느끼고 있는지 알아내어야 한다.

상대방은 긍정적인가, 부정적인가, 아니면 무관심한가? 상대방이 분노, 실망, 흥분, 또는 다른 감정 상태에 빠져 있는가? 즉 감정이 대화에 어떠한 영향을 주는지 알아야 한다.

상대방이 말한 내용을 그의 용어를 사용하여 인용한다. 이때 말의 핵심을 찾아내는 것이 중요하다. 내용이 복잡하다면 그것의 요점만 이해하면 된다.

상대방의 태도를 함부로 평가하지 않고 받아들인다. 만약에 상대방이 이해할 수 없는 행동을 보인다면 (예: 눈알 굴리기, 의혹이 담긴 목소리) 왜 그러는지 묻는다. 그의 말과 생각이 일치하지 않는 것으로 보이면, 이것도 고려해야 한다. 보고, 듣고, 느낀 것 모두를 고려하자.

그러나 마음대로 해석하는 것은 금물이다. 이해하지 못하는 행동이나 말을 상대방에게 설명하고, 그가 해명할 수 있는 기회를 준다.

이러한 과정은 대화를 명확히 하고, 분류하며, 요약하기 위해서이다. 특히 상대방이 말한 것이 그가 생각하는 것과 일치하도록 하는 것이 중요하다.

상대방을 고려하며 들을 때, 그가 하는 말을 조종하는 것은 금물이다. 그가 하는 말을 이해하는 것이 관건이다. 즉 그의 생각을 간파하는 것이다.

"당신은 지금 ____라고 했지요? 맞습니까?"라고 말하고, 언제나 다음과 같이 끝맺는다. "제가 놓친 점이 있나요? 제가 요점을 제대로 파악했습니까? 제가 제대로 이해한 것 같나요?" 청자의 이러한 질문은 화자가 자신의 말이 정확하게 전달되었는지 또는 오해의 소지가 있는지 알 수 있게 한다.

그리고 이해가 되지 않는 점이 있다면 설명을 계속할 수 있는 기회를 준다. 그러나 상대방의 모든 면을 일일이 되묻는다면 오히려 대화에 방해가 된다. 그러니 생각해보고 대화 중 가장 중요한 부분을 상대방의 말을 반영하여 질문한다. 즉 자신이 이해하지 못한 중요한 정보에 대해서만 곱씹고 상대방에게 확인을 요청하면 된다.

> 인간의 본질은 그가 완벽하지 않다는 것에 있다.
>
> — 조지 오웰

대화에 방해가 되는
장애물 뛰어넘기

가야 할 곳이 있는데 교통 마비로 가만히 서 있었던 적이 있는가? 이를 '교통 마비'라고 부르는 데에는 특별한 이유가 있다. 실제로 교통이 마비되면 사람은 낙심하고 무력감을 느낀다. 그리고 즉각적으로 이렇게 자문하게 된다. "왜 내가 이런 일을 당해야 되지?" 또한 "어떻게 여기서 빠져나가지? 내가 무엇을 할 수 있지? 어디로 빠져나가야 좋지?"라는 질문이 이어진다.

의사소통에서 일어나는 장애물도 마찬가지로 사람을 답답하게 한다. 자신의 목표, 말하려는 내용, 그리고 해야 하는 행동이 명확하게 짜여져 있다. 그런데 장애물이 나타나면 이 모든 의도들을 망쳐버린다. 효과적인 의사소통은 자신의 의사가 그대로 상대방에게 도착하는 것을 의미한다.

대화 도중에 만나는 장애물은 개인적인 문제이거나, 상호적인 문제이다.

개인적인 장애물은 실패에 대한 불안감, 자신감 결여, 걱정, 실망감, 무관심, 왜곡, 절망감, 혐오감, 다른 것에 집중하고 있는 상태, 지식의 부족, 부족한 대화 기술, 잘못된 가정, 과도한 감정, 자신으로부터 발생하는 방해 또는 물리적 방해, 의심, 충분하지 못한 듣기 등이다.

상호간의 장애물은 다음과 같다. 서로 다른 사고 방식, 상대방을 단순한 유형의 인간으로 파악하는 것, 편견, 권위 또는 자존심의 결여, 믿음과 신뢰의 결여, 사회적 갈등, 정치적·문화적 차이, 부족한 대화 기술, 가치관, 믿음, 태도의 차이, 경쟁심과 권력 다툼, 인간관계의 중요성 무시 등이다.

의사소통의 유형은 성, 문화, 산업, 직업, 세대, 국가, 학력 등에 따라 달라진다. 이러한 요소는 모두 의사소통의 장애물이 될 수 있다. 이것은 본래의 대화 내용을 비틀고 애매하게 만든다. 이러한 장애물의 존재를 알아차리고 피하는 것이 관건이다.

대화의 장애물을 형성하는 일반적인 원인은 다섯 가지로 감각적 차이, 동기의 차이, 시간 개념의 차이, 지각력의 차이, 가정이다.

만약에 양쪽에 문제가 있다는 것을 아는 사람이라면 어느 쪽에도 돈을 투자하지 않을 것이다. 그렇지만 이러한 사람이 대화에 껴들어서 그것을 듣고, 올바른 지적을 하는 것을 보면 놀라움을 금치 못할 지경이다. 이것은 그가 해당 주제에 감정적으로 빠져 있지 않기 때문이다. 그래서 마주칠 장애물이 적은 것이고 객관적으로 상황 판단을 할 수 있는 것이다.

대화는 간단하게 접근하는 것이 좋다. 최대한 자신의 감정을 제어하고, 상대방을 섣불리 평가하지 않는다. 힘들겠지만 이것들이 효과적인 의사소통의 필수 조건이다.

사람은 누구나 장애물에 부딪힌다. 하지만 도움을 청하는 사람은 이를 쉽게 피해갈 수 있다.

– 피터

대화에 방해가 되는 장애물 뛰어넘기

상대방의 마음을
먼저 포착하라

상대방의 정신이 어떠한 상태인지 판단하기 어려울 때가 있다. 하지만 대화를 하려면 이것을 꼭 확인해야 한다. 똑바른 정신 상태에서 대화를 하면 일반적으로 수월하게 진행할 수 있다. 그렇지 않은 정신 상태라면 상대방과의 연결점을 절대로 찾을 수가 없다.

다음은 상대방의 정신 상태를 측정하기 위한 방법이다.

1. 상대방이 편안해 보이는가? 혹은 긴장해 있는가?(긴장하고 있다면 그것을 풀어줘야 한다.)
2. 상대방이 급해 보이는가?(그렇게 보인다면 생각을 깊이 해야 하는 질문을 삼간다.)
3. 상대방이 다른 일에 마음이 빼앗겨 있는가?(그가 생각하고 있는 것에 먼저 집중한다.)

4. 상대방이 침묵에 빠져 있는가? 대부분의 사람들은 침묵을 참지 못하고 이를 꺼려 한다. 침묵과 친해지자. 침묵은 강력한 수단이다. 침묵은 관심을 한 곳에 집중시키며, 그것을 부각시킨다. 또 상대방이 입을 열도록 유도하고, 긴장감을 유발한다. 어떠한 식의 요구가 있은 후의 침묵은 진지함을 더한다.

남들이 당신의 소중한 시간을 하찮게 여기는 것에 매우 화가 날 때가 있다. 마감이 코앞에 닥치고, 여러 가지 일로 심란한데, 남들이 이것에 신경을 써줄까? 대답은 '아니오' 이다. 상대방은 자신의 문제만 중요할 뿐이다. 하지만 자신에게도 골칫거리가 있다. 그래도 상대방의 입장이 되어 보는 것이 좋다. 상대방이 당신에게 원하는 것을 생각해보고, 자문해 본다. "지금이 이 문제를 논의할 적절한 시간과 장소인가?"

정신이 한순간이라도 바뀌지 않고 일정한 상태를 유지한다는 주장에 나는 반대할 수밖에 없다.

- 앙리 베르그송

상대방의 마음을 먼저 포착하라

시간대의 차이

타인과 대화하려면 그가 어떠한 시간대(과거, 현재, 혹은 미래)로 사고하는지 알아야 한다.

〈백투더퓨처〉에서 마이클 J. 폭스는 미래풍의 자동차 드로리안을 타고 시간여행을 한다. 과거, 현재, 미래를 한꺼번에 경험하는 혼란스러움은 관람객을 즐겁게 하는 이야기가 되었다. 언뜻 이해가 안 갈 수도 있지만, 사람들은 정신적으로 과거, 현재, 또는 미래에 살고 있다. 상대방과 상호적인 이해를 하려면 그와 같은 시간대로 사고해야 한다.

예컨대 동료 또는 부하 직원에게 회사가 어떻게 변할 것인지(미래)에 대하여 설명해야 하는 상황에 처했다. 그런데 동료는 "해본 적이 없잖아(과거)"라는 말만 되풀이한다. 이런 타입을 설득하려면 상대방의 생각을 과거에서 미래로 끌어내야 한다. "하지만 이러한 변화가 어떤 효과를 가져올지(미래) 생각해 봤어? 일단, 우리는 더 이상 무거운 상자를 들고 다닐 필요가 없게 돼. 그리고 맨 밑에 깔린 상자를 끄집어내느라 고생할 필요도 없지." 동료가 이렇게 대답하면 성공이다. "좋을 것(미래) 같은데." 이제 그의 시간대는 미래로 바뀌었다. 그는 회사의 변화가 자신에게 어떠한 이익을 줄지 기대하게 된다.

이것의 반대의 경우도 마찬가지로 성립한다. 당장 닥친 어려움 또는 프로젝트에 관해 논의하려는데, 자꾸 미래와 꿈에만 집착하는 동료를 떠올려보자. 이때는 미래에 사는 동료를 현실로 끌어와야만 효과적인 대화가 가능해진다.

사고의 시간대는 문장에서 과거형, 현재형, 또는 미래형의 사용을 확인하는 것으로 간단하게 알 수 있다. 만약에 동료가 과거에("이렇게 했었지", "저렇게 했다") 박혀 있다면, 미래에("하고 싶다", "할 것이다") 집중하기는 힘들다. 대화는 쌍방이 같은 시간대로 사고할 때만이 효과적으로 진행된다.

이외에도 상대방이 단기, 중기, 혹은 장기적인 관점을 갖고 있는지 알아야 한다. 그래서 제안의 결과가 상대방의 관점에 부합하는지 고려할 필요가 있다. 즉 상대방의 시간대를 발견하고, 그곳에 찾아간다. 그 다음에 상대방을 자신이 원하는 시간대로 천천히 끌어온다.

시간은 마법사

시간은 자연적 치료제이지만, 성형외과 의사는 아니다. 외모가 예전 같지 않다고 한 여성이 남편에게 소리쳤다. 그러자 남편은 이렇게 대답했다. "맞아. 하지만 다행히도 나는 당신이 더 아름답게 보이는구려."

– 로버트

분명한 가치관을
가져라

콜린 파월은 최강의 힘은 인격에서 나온다고 말했다. 이러한 인격은 가치관에 의해 강화되거나 약해진다. 그리고 가치관은 입에 발린 말이 아닌 지속적인 행동으로 드러나는 것이다.

자신이 중요하게 생각하는 가치 너덧 가지를 알고 있는 사람은 삶을 좀더 간단명료하게 대할 수 있다. 또한 결정을 내릴 때에도 수월하게 할 수 있다. 어떤 사람이 자신의 기분을 나쁘게 한다면 자신의 어떤 가치와 그의 태도가 충돌하는지 금방 알 수 있다. 그리고 어려운 결정을 내려야 하더라도 가치관이 확실하다면, 상대방은 그 결정을 싫어하더라도 존중은 할 것이다.

다음은 상대방에게 중요한 가치가 무엇인지 알아내는 질문이다. 질문의 대답을 자신의 생활과 연관시켜보자. 즉 특정 행동 유형이나 유사한 태도가 있는지 살펴본다.

- 좋은 친구의 요건에서 가장 중요한 다섯 가지는 무엇인가?
- 좋은 동료의 요건에서 가장 중요한 다섯 가지는 무엇인가?
- 좋은 가족 구성원의 요건에서 가장 중요한 다섯 가지는 무엇인가?
- 일이 잘 풀린 인간 관계가 있다면, 왜 그랬는지 생각해본다.
- 일이 꼬이게 된 인간 관계가 있다면, 그 이유를 생각해본다.

아이들은 어른들의 행동을 보고 배운다. 아이들에겐 거짓말을 하지 말라고 얘기하지만, 전화가 왔을 때 집에 없다고 대답하라고 말한 적은 없는가? 어떠한 것이 무척 걱정된다고 하면서 그에 대한 조치를 전혀 취하지 않고 있지는 않은가? 친구에 대한 욕을 하지 말라고 얘기하지만, 정작 자신은 이웃을 비방하고 있지 않은가? 아이들이 과연 무엇을 배울까?

선악을 구분하는 능력이 있다는 것은 인간이 다른 동물에 비해 지적으로 월등하다는 증거이다. 그러나 인간이 악행을 하는 것은 다른 동물에 비해 도덕적으로 열등하다는 증거이다.

– 마크 트웨인

대화에서 성공하기 위해선 리더십을 갖추어야 한다!
리더십을 내것으로 만들어라!

· 자신을 알아야 한다.
· 꿈과 열정이 있어야 한다.
· 위험을 감수할 줄 알아야 한다.
· 효과적인 대화를 할 줄 알아야 한다.
· 행동의 과정과 결과를 정확하게 파악한다.

대화에 성공하는 비결, 얼굴 표정을 관찰하라!

· 슬픔 - 눈썹이 올라가고 이마가 찌푸려진다.
· 놀람 - 눈썹이 올라가고 입이 벌어진다.
· 분노 - 눈썹이 내려가고 매서운 눈초리와 치아가 보인다.
· 행복 - 입과 눈언저리가 웃는 표정이며 입이 벌어져 있다.
· 공포 - 눈썹이 올라가고 눈을 크게 뜨며 입이 벌어진다.
· 혐오감 - 코를 찡그리고 입을 벌린다.

SECRETS OF FACE-*to*-FACE COMMUNICATION

4

재치 있는 질문으로
대화에 앞장서라

내용에 집중하라

만약에 상대방이 자꾸 말을 반복한다면 그것은 자신의 말이 효과적으로 전달되고 있지 않다고 생각하기 때문이다. 이런 오해를 방지하려면 그가 주로 사용하는 중요 단어와 문구로 응답해주는 것이 좋다.

중요 단어와 문구는 감각적인 용어 내지 문구와 차이를 보인다. 즉 말을 하고 있는 사람이 정보를 처리하는 방법과 상관이 없고, 단어의 구체적 의미와 큰 관련이 있다. 영어에서 가장 많이 사용되는 500개의 단어는 평균 28가지의 다른 의미를 가지고 있다.

다음은 중요 단어를 사용하는 네 가지 방법이다.

상대방의 이름을 사용한다

이것은 상대방의 주의를 집중시키며, 그를 존중하고 있다는 것을 나타내고, 친밀한 관계를 형성하는 효과적인 방법이다.

간단하고 이해하기 쉬운 단어를 선택한다

멋진 단어를 쓰기보다는 효과적인 단어를 사용한다. 상대방을 혼란스럽게 하는 전문 용어, 상투어 등을 사용하지 않는다. 굳이 전문 용어를 사용해야 한다면 상대방이 정확하게 이해할 수 있도록 한다.

'우리' 라는 말을 사용한다

'나' 가 아닌 '우리' 라는 말을 사용하여 함께 일하고 있다는 것을 인식시켜준다. 이것으로 자신과 상대방이 비슷한 상황과 문제를 함께 대하고 있음을 쉽게 알 수 있다. 이런 인식을 거친 후의 공동 작업은 원하는 성과를 얻을 수 있게 된다.

당신이 부하 직원에게 어떤 임무를 떠맡겼다고 가정해보자. 그런데 문제가 발생하여 그가 당신에게 찾아왔다. "어떻게 하면 좋을까요?"라고 그에게 묻는다. 만약에 그가 몇 가지 해결책을 제시하면, 그 중에서 어떤 것이 가장 좋을지 물어본다. 그래서 해결책이 하나 또는 두 개로 좁혀지면 이렇게 대답한다. "그래요. 우리, 그렇게 해봅시다. 그런데 우리가 이 프로젝트를 시간과 예산에 맞추려면 무엇이 또 필요할까요?"

사용하는 용어에 너무 매달릴 필요는 없다

화자가 사용하는 단어에 부여하는 의미를 청자는 다르게 받아들일 수 있다. 그러므로 의견 차이가 단어 사용에 있다면 사용하는 용어를 바꾸어보는 것도 좋을 것이다. 용어를 바꾸어 합의를 이끌어냈다면 어의에 차이가 있었음을 알 수 있다. 이는 서로가 사용하는 단어만 달랐던 것이다. 이렇게 용어를 바꾸었는데도 불구하고 계속 동의를 구하지 못하면, 상대방과 같은 사고를 하기 위해 자신이 사용하는 단어의 의미를 다시 정의할 필요가 있다.

나 자신이 이러한 경험을 한 적이 있었다. 세미나 도중에 한 참여자가 나의 근감각적 습득에 대하여 동의하지 않았다. 근감각적 습득이란 느낌과 행동으로 배움을 얻는다는 의미이다. 그 참여자는 내가 직관에 관하여 말하고 있다고 느꼈다. 이 문제를 해결하기 위해 나는 그녀에게 직관과 본능이 같은 의미인지 물어보았다. 그녀는 아니라고 대답했다. 그 후에 나는 그녀에게 느낌을 바탕으로 행동하는 것이 직관에 의해 행동하는 것과 같은 것인지 물어보았다. 그럴 수도 있다고 그녀가 대답했다. 그래서 나는 경험에 사용되는 기본적인 3요소가 시각, 청각, 직관(느낌 대신에 이 용어를 사용했다)이라고 했다. 그녀는 이제 그 용어에 수긍할 수 있었다.

특정 용어에 너무 매달릴 필요는 없다. 전달하는 내용에 집중하자.

– 로버트

당신은 이 질문을 함으로 부하 직원이 그 문제에 대하여 스스로 고민하고, 해결 방안을 제시하도록 했다. 논의를 하면서 당신이 그의 생각에 영향을 줬을지도 모르지만, 해결 방안을 내놓은 것은 바로 그이다. 부하 직원은 난처한 상황을 당신과 함께 헤쳐나간 것으로 생각할 것이다. '우리' 라는 단어를 사용하여 해당 프로젝트에 함께 참여하고 있다는 생각을 심어준 것이다.

질문하는 방법

중요한 대화를 하고 있는데 갑자기 불평을 하고
싶은 경우가 있다. 그리고 미처 생각할 시간도 없이 "나는 선생님
이 싫어요"라고 입 밖으로 내뱉는다.

필요하다면 계속 불평을 늘어놓을 수 있겠지만, 그 전에 상대방
의 직업을 알고 나서 하는 것이 대화를 풀어나가는 데 수월할 것
이다. "어느 회사에 다니신다고 했죠?", "직업이 뭐예요?", 아니면
직접적으로 "어떤 일로 하시나요?"라고 물어보는 것은 상대방에
게 관심을 표하는 것이기도 하지만, 쓸데없는 말이 입 밖으로 튀
어나오는 것을 방지하기도 한다. 이것을 미리 물어보지 않는다면
상대방이 "죄송하지만, 저도 ○○○(선생님, 변호사 등)인데요"라
고 할 수도 있다. 대화가 여기에 봉착하면 어떻게 빠져나갈 수 있
겠는가?

그러므로 자신의 입지를 안전하게 만들기 위해서는 질문을 해야

한다. 즉 여러 가지 상황을 고려해야만 하는 것이다. 처음 대하는 사람과 대화하는 것, 그리고 모르는 사람이 있는 회의에 참석하는 것은 비슷한 경험이다. 대화의 '지형 파악'을 위해 질문을 하는 것이 필요하다. 인사말을 끝내면 바로 군사 작전처럼 대화의 근저에 깔린 법칙을 찾아내기 위해 듣고, 관찰하며 질문을 던져야 한다. 다음 설명을 참고하여 이를 진행시킬 수 있다.

숨겨진 비밀에 대하여 묻기

다음과 같은 말을 들으면 조심해야 한다! 상대방이 어떤 비밀을 감추고 있는 것일지도 모르니 대화에 정신을 집중하는 것이 좋다.

- 다들 하는 거잖아요.
- 진짜로 일어난 일이 무언지 가르쳐드리죠.
- 우린 친구잖아? 내가 거짓말하겠니?
- 전과 같은 상황입니다. 확인할 필요 없습니다.
- 괜찮아. 날 믿어.
- 우리만이 할 수 있는 일이야. 뭉쳐야 살지.

또한 일면적이고, 편견이 들어 있는 근거와 친구 또는 동료의 감정적인 요구에 대하여 조심해야 한다.

나와 상대방이 갖고 있는 가정에 대한 질문

효과적인 대화를 위해 서로에 대한 가정은 확인해야 한다. 서로를 이해하는 데 어려움이 있다면, 우선 서로가 생각하는 바를 확

질문하는 방법

인해야 한다. 즉 스스로가 동의하지 못하는 부분에 대해 질문하여 차이점이 무엇인지 밝히는 것이다.

예컨대 고객이 밑줄친 부분에 서명을 해야 되는데 갑자기 망설이기 시작한다. 방금 전까지 설명을 듣고 깊은 관심을 보이던 사람이 돌변하면 혼란스런 느낌이 드는 것은 당연하다. 그렇다면 솔직하게 말하면 된다. "방금 전까지는 좋아하신 것 같은데, 지금은 별로 맘에 안 드시나 보죠? 왜 그런지 알 수 있을까요?"

상대방의 답변을 듣고 모르던 사실을 확인할 수 있게 된다. 고객이 조건은 좋은데, 상품에 대한 신뢰가 가지 않는다고 말한 것이다. 그 이유가 무엇이든 고객이 왜 그렇게 느끼는지 당장 확인하면 간단히 풀릴 수 있는 문제이다.

이해하지 못하는 것을 묻는다

오해와 모호함은 즉각적으로 해결되어야 하는 문제이다. 상대방의 의사를 이해하는 것은 책임있게 해야 되는 일이다. 상대방에게 집중하고 그를 이해하려 한다는 것을 보여주는 것은 매우 중요하다.

표현 방식에 대한 질문

말의 내용보다 그에 대한 표현 방식이 더 중요할 때가 있다. 그런데 사람들은 대개 자신이 어떠한 방식으로 말하고 있는지 깨닫지 못한다. 대화 도중에 상대방이 언짢은 방식으로 말을 한다면, 상대방에게 당장 알려야 한다.

예컨대 누군가를 도와주고 있는데 그의 말투에서 동요와 불안이 느껴진다면, 즉시 자신이 책임을 지고 편안하게 해주고 싶다는 것을 알려준다. "불안해 하는 것 같은데, 그런가요?" 이때 상대방을 비판하지 않는 것이 중요하다. 그리고 의사 전달에 충실함으로써 상황을 타개할 수 있는 방법을 강구한다.

불분명한 단어 사용에 대한 질문

"그 사람이 가게에 갔어"라고 누가 말한다면, 그 사람이 누구인지 확인해야 한다. "그 사람들이 가져갔어"라고 누가 말한다면 그 사람들이 누구인지, 무엇을 가져갔는지 확인해야 한다. 불분명한 단어의 의미를 마음대로 상상하는 것은 바람직하지 않다.

형사처럼 생각하는 것이 도움이 될 것이다. 집에 돌아오니 집안이 어지럽혀졌고 물건이 없어졌다고 가정해보자. 무엇을 목격했거나 소리를 들었는지 이웃에게 즉시 물어본다. 오후 3시에 남녀 한 쌍이 차를 타고 떠나는 것을 보았다고 이웃이 증언한다. 그리고 이웃에게 다시 묻는다. 그들이 타고 있던 차의 종류와 떠난 방향이 어딘지. 혹시 두 남녀에 대한 인상착의를 알 수 있는지, 안면이 있던 사람들인지, 불분명한 정보는 본인이나 경찰에게 전혀 도움이 되지 않기 때문에 까다롭게 물을 필요가 있다.

빠지거나 왜곡된 정보에 대한 질문

가끔 대화에서 뭔가 틀리거나, 빠지거나, 또는 상대방이 의도적으로 피하는 것이 있을 수 있다. 이러한 경우를 당한다면 빠지거나 과장된 정보에 대하여 확인해봐야 한다.

예컨대 자동차 판매원이 '이 차는 약 4리터의 휘발유로 400킬

로미터를 달린다' 고 말했다. 이것은 분명히 과장된 이야기일 것이다. 만약 의심스럽다면 판매원에게 당장 증거를 제시해보라고 요구하자.

그리고 동료 둘이 싸우는 것을 본인이 말리는 상황이라고 가정해보자.

사정을 들어보니 두 명 모두 뭔가 중요한 것을 빼고 자신의 입장만을 이야기하는 것 같다. 이런 경우, 빠진 문제에 대하여 물어보는 것이 좋다. 그들을 도와주려면 완벽한 정보를 얻어야만 한다.

절대적인 성격의 단어 사용에 대한 질문

극단적인 성격을 가진 이들이 사용하는 단어는 매우 고압적이다. 그런 단어는 한 가지 방식으로만 행동하거나 생각하게끔 만든다. 더 나아가 생각, 행동, 창조력도 제한시켜버린다. "……일 것이다", "……해야 한다", "절대로", "못 한다", "당연히 해야 한다", "못할 수도 있다" 이런 투로 말하는 사람에게 질문을 하자.

하지만 질문을 할 때 조심스러워야 한다. 왜냐하면 상대방의 능력과 자존심을 해치는 것으로 보일 수도 있기 때문이다. 이러한 불상사를 방지하기 위해 부드럽게 다가갈 필요가 있다. "방금 말씀하신 것이 무슨 뜻인가요?" 또는 "헷갈리네요. 아, 뭐 그럴 수도 있겠죠?" 아니면 "제가 이러면 되는 건가요?"라고 물어보는 것도 좋은 방법이다.

예를 들어 직장 상사가 자신의 계획을 방해하며 작업을 중단시키려고 한다면 이렇게 질문하면 된다. "왜 그러시는지 모르겠습니다. 왜 하면 안 됩니까? 그렇게 하면 어떻게 되죠?"

일반화에 대한 질문

"절대 안 돼", "언제나", "모두", "누구나" 등은 일반화를 적용시
킨 단어들이다. 실제로 말 그대로인지는 확인을 해야 알 수 있다.

예를 들어 십대의 아들이 늦게까지 밖에서 놀고 싶어한다. 그리
고 그는 다른 모든 친구들이 그렇게 한다고 부모에게 항변한다.
만약에 밤늦게 다니지 않는 친구를 부모가 안다면 이러한 항변은
의미가 없어진다. 아들은 금방 할 말을 잃을 것이다. 물론 그렇다
고 해서 밤늦게까지 돌아다니는 것을 자동으로 막은 것은 아니다.
즉 예외가 있다면 전제 자체 또는 일반화가 거짓으로 판명된다.
대화 도중에 일반화가 등장할 수 있는 예외는 서로가 논의를 위해
필요하다고 동의할 때만 가능하다.

비교하는 것에 대한 질문

"더 좋다", "더 나쁘다", "더 쉽다" 식의 비교는 의문을 제기하는
발언이다. 도대체 무엇보다 좋거나, 나쁘거나, 쉽다는 것인가?

다른 대상과의 비교는 대부분의 경우가 무의미하다. 진정한 비
교는 자기자신 또는 예상 가능한 자신의 수행 능력뿐이다. 현재
업무의 발전이나 퇴보에 집중하는 것이 차라리 더 나은 행동이다.

직장 상사가 어떤 일에 대하여 앞뒤 설명도 없이 쉽다고 말한다
면, "무엇보다 쉽나요?"라고 물어볼 수 있을 것이다. 왜냐하면 그
가 쉽다고 생각하는 것과 실제는 별개의 문제이기 때문이다.

어차피 타인의 능력은 자신과 다를 수밖에 없다. 아마 상대방도

처음 시도했을 때 어려움을 느꼈을 가능성이 높다. 그래서 상대방이 비교급을 대화에 사용하면 짚고 넘어가야 한다. 판단의 기준은 언제나 자신이라는 것을 명심해야 한다.

> 분별 있게 행동하는 유일한 사람은 내 재봉사뿐이다. 그는 나를 볼 때마다 새롭게 치수를 잰다. 그러나 다른 모든 이들은 오래된 치수로 나를 재려 한다.
>
> – 조지 버나드 쇼

대답하는 방법

어떤 질문을 받았을 때 바르게 대답하는 방법은 정리된 생각에서 출발한다. 올바른 방식으로 한 대답은 혼란스런 상황을 타개하거나, 제대로 된 대답을 할 수 있는 시간을 벌어준다. 또한 나쁜 감정을 해소하고 생각할 거리를 던지기도 한다.

대답을 할 때는 언제나 생각이 정리되어 있는 지적인 모습을 상대방에게 보여주어야 한다. 그리고 대답을 하면서 질문과 상관이 없는 말을 하는 것은 삼가야 한다. 대답을 하는 방법은 여러 가지가 있고, 긴급하게 머리를 쥐어짜는 방법도 여러 가지가 있다. 다음은 대답을 정리하는 방법에 대해 좀더 자세하게 살펴본 것이다.

역사적 또는 연대기적인 순서 이용하기

이렇게 대답하기 위해서 일단 이러한 질문을 자신에게 던져봐야 한다. "무엇이 가장 먼저 일어났는가? 그 다음 순서는 무엇인가?"

과거, 현재, 미래의 관점에서 문제를 논의하는 것도 좋은 방법이다. 특정한 행사를 일어난 시간 순서대로 대답할 수도 있다.

예컨대 교통 사고를 당했다면, 자신이 가던 방향, 잘못된 점 등을 순서대로 말하는 것이 좋다. 그리고 사건이 자신에게 직접 일어난 것처럼 매순간을 정확한 순서대로 설명하여 대답을 끝맺을 수 있다.

가장 중요한 부분부터 가장 덜 중요한 부분까지 설명하기

이러한 접근 방법을 사용하려면 대답할 내용을 정리한 다음 나름대로 중요도에 대한 판단을 내려야 한다. 일단 가장 중요한 점을 기준으로 하고, 그 다음 것으로 순서대로 넘어간다. 중요성에 따라 각 쟁점에 순서를 매기고, 항목으로 나누는 것이다. 예컨대 해당 주제에 대하여 세 가지의 중요한 점이 있으면 가장 쉽게 설명할 수 있는 방법은 첫째는, 둘째는, 셋째는 등의 말을 시점으로 설명하는 것이다.

그러나 너무 상세하게 대답하는 것은 오히려 부작용을 불러올 수 있다. 상대방이 주의 깊게 듣고 있는지 늘 살피고 있어야 한다. 이때는 자신의 의견 또는 결론을 미리 제시하고 시작하는 것이 좋다. 그리고 중요한 점들을 순서대로 말하고, 세부적으로 예시를 들며 설명한다. 마지막으로 자신의 의견 또는 결론을 밝히고 끝맺는다.

이 방법을 사용할 때는 다음과 같은 세일즈맨의 강령을 준수해야 한다. "상대방에게 말한다고 밝힌다. 그리고 내용을 말한다. 끝나면 끝났다고 말한다."

대답하는 도중 다른 이야기를 넣는 것은 강력하게 견인하는 닻이다. 이것은 자신의 계획이 갖는 장점과, 그 계획이 현재 자신의 대답에 어떻게 적용되는지에 대한 설명으로 구성된다.

예컨대 소득세를 계산하기 위해 회계사를 고용하는 것이 스스로 소득세를 계산하는 것보다 이득이라는 것을 설명해보자.

"회계사를 고용하는 것이 쓸데없는 곳에 돈을 낭비하는 것으로 보일 수도 있지요. 저도 처음에 똑같은 걱정을 했답니다. 그런데 회계사를 쓰니까, 제가 실수로 놓친 부분을 잡아주어서 소득세를 훨씬 덜 낼 수 있었지요. 그 금액은 제가 회계사에게 준 돈의 두 배나 됩니다. 그래서 그 이후로는 회계사를 계속 쓴답니다."

"회계사가 하는 일의 효용은 그리 크지 않을 수도 있습니다. 제 제안의 장점은…… 아마 이러한 점은 생각하지 못했겠지만……어차피 다른 사람들에게 그 일을 주면 비용이 두 배는 더 들지 모른다는 겁니다. 그리고 시간도 많이 낭비하겠지요. 하지만 회계사가 있다면 어느 정도는 절약하실 수 있을 겁니다. 게다가 회계사가 당신의 두통거리와 걱정도 다 가져가지요. 어쨌든 마음이 편한 것이 최고 아닌가요?"

여기서 자신의 주장을 펴기 위해 끌어들인 회계사 이야기가 닻이라고 할 수 있다. 닻은 이야기, 일화, 통계, 인용, 또는 자신의 주장에 도움이 되는 자료는 어떠한 것이든 될 수 있다.

상대방에게 대답을 한 다음에는 여러 가지 이점을 늘어놓아야 한다. 이때 이점은 특징이 아니라는 것을 염두에 두어야 한다. 상대방이 중요하다고 생각하는 것을 선택하여 설명하는 것이 중요하다. 방금 든 예시에서 이점이라고 할 수 있는 것은 하청에 대한 정보와 절약이다.

그런 후에 회계사의 도움을 받는 것이 얼마나 도움이 될 것인지를 상대방이 깨닫도록 한다. 동시에 숨겨진 이점 내지 상대방이 아직 인식하지 못한 점을 추가한다. 두통과 걱정을 덜어주는 회계사의 역할이 이번 예시에서는 숨겨진 이점으로 작용한다.

느낀다, 느꼈다, 찾아내다 사용하기

이러한 질문-대답형 기술은 상대방의 관심사에 신경을 쓰는 동시에 자신이 원하는 대로 상대방을 설득할 때 꼭 필요하다. 일단은 그들의 주장에 동의하고, 나중에 그들이 이해하고 있는 바를 좀더 확장시키는 방향으로 나아간다. 예를 들면 이런 식의 대답이 있을 수 있다.

"정말 그렇군요. 많은 사람들이 그렇게 느끼죠……."

"제가 이 점을 깨닫기 전엔 저도 마찬가지로 느꼈습니다……."

"이렇게 하기 위해서 제가 찾아낸 점은……."

질문 되돌리기 또는 받은 질문 남에게 던지기

질문자에게 다시 질문을 던지는 것 또는 다른 이가 대답할 수 있도록 같은 질문을 던지는 것도 좋은 방법이다. 질문을 상대방에게 되돌리는 것은 이렇게 할 수 있다. "아주 멋진 질문이군요. 당신이라면 어떻게 대답하시겠습니까?"

남에게 질문을 이어주는 것은 이렇게 할 수 있다. "괜찮은 질문인데요. 당신은 어떻게 생각해요? 또는 이 질문에 대해서 이견이나 다른 관점을 갖고 있는 분은 없나요?"

자신의 대답 영역 설정하기

질문에 완벽하게 대답하는 것이 부담스럽다면, 나름대로 질문에 대답할 수 있는 부분을 정해서 해보는 것도 좋은 방법이다. 그 부분에 대한 것만 집중적으로 대답하면 상대방이 어떤 질문을 싫어하는지 금세 파악할 수도 있다.

모르는 것을 인정하기

질문에 대한 대답을 정말로 알 수 없을 때는 우선 질문을 분명하게 다시 한 번 해줄 것을 부탁하며 좀더 시간을 벌 수 있다. 그럼에도 불구하고 대답을 할 수 없을 때는 자신의 입장을 떳떳하게 밝혀야 한다. 자신이 해결을 하지도 못할 문제를 끌어안고 있는 것보다는, 대답을 할 수 없음을 솔직히 인정하고 나중에 다시 대답을 하겠다고 하는 것이 훨씬 효과적인 방법이다. 중요한 것은 나중에 대답을 하겠다고 약속을 했다면, 반드시 약속을 지켜야 한다는 것이다.

불명료하게 대답하기

질문에 직접적으로 대답하기 싫다면 간접적인 대답을 하면 된다. 대답에 다양한 가능성이 녹아 들어가게 한다. 또는 대답을 모호하게 하여 상대방에게는 진정한 대답을 한 것처럼 보일 수도 있다. 그런 후에 자신이 원하는 방향으로 말을 이을 수도 있다. 이 방법을 통하여 상대방이 모르게 주제 또는 토픽을 바꿀 수도 있다.

대답하는 방법

애매모호하게 대답하는 기술로 다음과 같은 방법도 있다.

- 질문의 의도 물어보기
- 질문에 깔린 가정에 대하여 언급하기
- "제가 이해하기로는……"이라는 말로 질문을 재해석하고, 그에 따라 대답하기
- 질문을 피하기 위해 상대방의 마음을 부드럽게 녹이기
- 임기응변으로 주제 바꾸기

유머 섞기

농담, 일화, 이도 저도 아닌 대답으로 질문을 피한다. 과도한 농담은 문제를 불러일으키지만, 문제가 생겼을 때 그곳에서 빠져 나오는 방법이 될 수도 있다.

잘못 인정하기

질문을 받았는데 자신이 말하거나 행동한 것이 분명히 틀렸다면 그것을 신속하고 솔직하게 인정하라. 이렇게 사용하면 추가적인 질문과 심문을 피해갈 수 있다. 괜히 실수를 감추다가 상대방이 끝없이 물고 늘어지면 자신의 신용만 땅에 떨어질 뿐이다.

같은 맥락에서 한 가지 덧붙이자면, 자신을 비하하는 것은 좋지 않다. 이 세상의 모든 사람이 실수를 한다. 그러니 그에 대한 변명만 하지 않으면 된다. 차라리 잘못된 경험을 통해 배운 것이 무엇인지 설명하라. 이런 과정을 통해 좀더 성숙해질 수 있다.

올바른 대답

나는 사장 그리고 부사장들과 함께 회의중이었다. 사장은 사기충천하여 어떠한 주제에 대하여 나에게 질문했다. 내가 어떤 대답을 하든지 부사장들이 나를 공격하려는 상황이었다. 나는 대답을 알고 있었지만, 입 밖으로 대답을 꺼낸다면 나와 사장은 모두 부끄러운 꼴을 당할지도 몰랐다. 나는 마음을 가라앉히고 대답을 했다. "제가 상황을 정확하게 이해하지 못했기 때문에 지금 당장 대답을 할 수는 없을 것 같습니다." 한 발자국 옆으로 물러선 순간이었다. 사장은 빙그레 웃으며 말했다. "좋아. 당신은 지뢰를 해체할 줄 아는군."

– 피터

대답하는 방법

재치 있는 질문으로
대화에 앞장서라

상대방의 뜻을 가장 쉽게 알 수 있는 방법은 질문을 하는 것이다. 그러나 자신의 이야기를 하는 것을 싫어하는 사람들도 있다는 것을 염두에 두도록 하자. 원하는 대답을 얻기 위해서는 재치 있게 질문하는 것이 중요하다. 솔직하고 재치 있는 질문을 하면 자신의 말과 뜻을 상대방이 진지하게 듣고 있다는 것을 알게 된다.

질문을 할 때는 상대방이 대답을 충분히 할 수 있는 시간을 주는 것도 중요하다. 마음속으로 숫자를 세면서 기다리는 것도 좋은 방법이다. 이렇게 여유를 두면 상대방은 생각할 시간을 갖게 되고 대답을 훨씬 수월하게 할 수 있다.

또한 상대방을 존중하는 마음도 잊어서는 안 된다. 상대방이 질문에 대해 쉽게 대답할 수 있도록 한 번에 한 가지 질문만 하는 것이 좋다. 또 상대방의 대답을 귀기울여 들은 후에, 자신의 말로 반복하여 그 말이 맞는지 확인하는 작업을 한다.

질문을 할 때는 다음 네 가지 방법을 사용한다.

질문의 목적을 설정한다

하던 일을 멈추고 상대방에게 집중한다. 왜 질문을 하는지 분명해야 한다. 이는 대화에서 자신이 얻고자 하는 것과 연결되어 있기 때문에 중요하다.

먼저 질문을 통해 얻고자 하는 것이 무엇인지를 생각해야 한다. 대화가 어떤 방향으로 나아가길 원하는지, 최종 목적은 무엇인지, 구체적인 정보를 원하는지 아니면 일반적인 정보를 원하는지 질문의 목적에 따라 달라질 수 있다. 또한 상대방과 친밀한 관계를 형성하길 원하는지, 대화 자체를 즐기고 싶은지를 미리 생각해 두어야 한다. 끝으로 상대방을 이해하고 그의 생각을 좀더 자세히 알기 위한 질문을 하는 것이 좋다.

질문의 접근법은 자신이 현재 알고 이해하는 것(또는 이해한다고 생각하는 것), 대답을 들은 후에 자신이 처하고 싶은(또는 처하고 싶다고 생각하는) 입장을 바탕으로 형성된다. 질문을 할 때는 유연하고 개방적인 사고를 바탕으로 해야 한다. 자신은 상대방을 이해한다고 생각할 수도 있겠지만, 상대방의 대답을 다시 한 번 확인하는 것이 좀더 확실한 방법이 될 것이다. 그들이 알고 있는 바를 그들의 표현으로 직접 듣는 것이 중요하다. 어쩌면 이를 통해 자신이 모르고 있거나 이해하지 못하던 것을 발견할 수도 있다. 설사 그렇지 않더라도 상대방이 알고 있는 것, 생각하는 것, 느끼는 것 등을 알 수 있다.

상대방의 스타일에 따라 대화하기에 좋은 환경을 선택하라. 적대적이지 않은 태도로 질문을 던져라. 상대방과의 관계를 좋게 유지하기 위해서 위의 두 가지 점이 모두 중요하다.

서로 도움을 줄 수 있는 의사소통을 위한 환경을 조성한다. 이는 상대방이 대답하는 데에 안전하고 편안한 느낌을 갖도록 하는 것이다. 심문하는 듯한 태도를 버려야 한다. 자신도 스스로 정보를 제공할 수 있어야 한다. 이것이 진정한 쌍방향 의사소통이다.

우리는 대화할 때 상대방의 태도를 어느 정도 따라하며 답변한다. 예컨대 억양이 강한 사람과 대화할 때 자신도 억양이 강해지는 것을 느끼지 못했는가? 열정적인 사람과 대화할 때 자신도 열정적으로 변하지 않았는가? 아니면 냉담한 사람과 대화할 때 자신도 차가워지는 것을 느낀 적은 없었는가?

성실하게, 관심을 가지고, 그리고 상대방에게 도움이 되도록 질문을 해야 한다. 되돌아오는 대답의 일정 부분은 자신이 질문을 하는 태도에 기인한다. 성인 대 성인이라는 입장을 숙지해야 한다. 만일 우리가 꾸중하는 부모 또는 우는 소리 하는 아이처럼 질문한다면, 상대방은 바로 속을 감추거나, 반항적으로 변하고, 방어적인 태도를 보이게 된다.

상대방을 그대로 따라해보자. 상대방이 하는 말의 속도, 움직임, 중요 단어 선택에 자신을 맞춘다. 그리고 차분하게 관찰한다. 이렇듯 의사소통을 할 때에는 수많은 교환이 일어난다.

필요하다면 질문을 해도 되는지 묻는다. 이때 서로 신뢰를 쌓는 것이 중요하다. 상대방을 방어적으로 만든다면 대화가 갑자기 멈

출 것이다. "그저 왜 그랬는데?" 또는 "어떻게 그럴 수가 있어?"라는 간단한 말이 그런 상황을 쉽게 만든다. 질문을 할 때는 상대방을 충분히 인정해야 한다. 그리고 상대방을 당혹스럽게 하지 않도록 한다.

집중조명 접근법을 사용한다

일단 일반적이고 열린 질문을 먼저 하고, 점차적으로 직접적이고 닫힌 질문을 하는 방법이다. 자신이 이해하고 있는 바와 필요에 따라 이 방법을 전체 또는 부분적으로 사용할 수 있다. 이 방법을 쓰기 위해 질문 항목의 자세한 설명을 참조하기 바란다.

적극적으로 듣는다

더 깊은 이해를 하기 위해 상대방의 대답을 조심스럽게 듣는다.

대개 70~90퍼센트의 대화가 잘 이해되지 않으며 기억에서 잊혀지고, 25퍼센트만이 남는다. 이러한 현상을 '선택적 듣기'라고 하며, 상대방을 이해하는 데에 커다란 장애가 될 수 있다.

왜 이러한 현상이 발생하는가? 다음과 같은 이유 때문일 수도 있다.

- 대화의 분명한 목적이 없다.
- 들어야 할 충분한 동기가 없다.
- 상대방의 스타일에 호감이 가지 않는다.
- 상대방 또는 자신이 피곤하다.
- 상대방의 말을 적극적으로 듣기 위해서는 마음으로부터 그 대화를 진

재치있는 질문으로 대화에 앞장서라

지하게 들어야 하는데 이를 꺼리고 있는지 모른다.

● 자신 또는 상대방의 대화를 방해하는 요소가 있다.

● 상대방이 하는 말이 (또는 상대방이) 싫다.

스스로가 스트레스를 받고 있다면 상대방도 그럴 가능성이 높다. 상대방의 말을 듣지 못하는 이유는 매우 많다. 이유야 어쨌든 상대방을 이해하는 것은 청자의 의무이고, 적극적으로 듣는 방법으로 이를 해결할 수 있다.

상대방의 대답을 평가하고, 그 뒤에 깔린 감정과 느낌을 포착한다. 이를 자신이 알고 있는 정보와 비교하고 연관시켜본다. 이는 배의 항해사가 항해 코스를 유지하며 돛을 조금씩 움직이는 것과 비슷한 과정이다. 그리고 대화가 끝난 후에 다시 평가한다. 무엇이 달라졌는가?

상대방이 말을 원활하게 하도록 하여 자세한 정보를 얻어낸다. 하지만 상대방 대신에 말을 해주거나, 생각을 미리 해주는 것은 금물이다. 상대방의 감정과 이성에 대하여 논하는 것도 도움이 된다. 완벽한 이해를 하기 위해서는 노력이 필요하다.

정보를 캐내기 위해 열린 질문을 한다. 예를 들자면 이렇다. "이점에 대하여 좀더 자세히 말씀해 주실 수 있나요? 또 다른 중요한 점이 있나요? 무엇이 가장 신경 쓰이게 하나요?"

상대방이 중요시하는 생각과 말을 곱씹어보고 의사를 명확하게 전달받았는지 확인한다. 그런 후에 상대방의 말을 재인용하여 확실하게 이해하고 있는지 분명히 한다. 상대방의 의도를 찬성 또는 부정할 수 있지만, 일단 의도를 정확하게 전달받았는지 확인하는 것이 더 급하다. 상대방의 입장을 분명하게 안 후에 자신의 입장을 밝히는 것이 중요하기 때문이다.

마지막으로 모두가 동의하는 바를 요약해서 혼동되는 것이 없도록 한다. 이때 "우리가 놓치는 점이 있나요? 저의 의도가 정확하게 전달이 되었습니까?"라는 질문을 하는 것도 좋다.

이 나라에 처음 왔을 때, 어떤 파티에서 한 노벨상 수상자를 만났다. 나는 그의 전공(물리학)에 대해서 아는 것이 전혀 없었다. 실은 학교를 다닐 때 물리학 성적은 엉망이었다. 나는 아는 것이 전혀 없었기 때문에 질문밖에 할 수 없는 상황이었다. 어떻게, 왜, 어떤 것을, 언제, 어디서 등등 질문을 그날 밤 내내 던졌다. 다행히 물리학자는 내 질문에 대답하는 것을 즐겼다. 그는 자신이 가장 자신 있는 주제에 대하여 말할 기회를 얻었고, 나는 체면을 손상 당할까봐 걱정할 필요가 없었다. 왜냐하면 내가 던진 질문들이 너무나도 상식적인 것들이어서 나의 무식함을 드러낼 정도는 아니었기 때문이다.

- 피터

닫힌 질문

질문을 하면, 질문을 받은 사람은 먼저 상대방의 느낌과 의도를 파악하려 한다. 그러므로 머리 속에서 정보를 정리하여 대답을 하기까지는 어느 정도의 시간이 걸린다. 질문을 하는 사람은 상대방의 답변에서 자신이 이해하는 바를 확인하고, 원하는 정보를 얻을 때까지 계속 질문한다.

질문의 핵심은 그것이 어떠한 답변을 이끌어내느냐에 있다. 이것을 기준으로 질문의 종류는 크게 닫힌 질문과 열린 질문으로 나눌 수 있다.

닫힌 질문은 한정된 것과 사실적인 정보 등을 얻기 위해 사용된다. 이는 가장 많이 사용되는 질문이고 긍정 또는 부정의 대답을 이끌어낸다. 닫힌 질문의 전형적인 예는 다음과 같다. "오늘이 무슨 날이지?" 또는 "이것이 필요한가?" 이런 질문은 간단명료하고도 단도직입적이다.

닫힌 질문은 대답하기가 쉽고, 주로 직접적인 대화에 많이 사용된다. 또한 질문을 받은 자는 어떠한 입장 내지 의견을 갖게 하는 성질이 있다. 또한 정보를 요구하는 질문이기 때문에 상대방이 가진 정보의 정확성을 따지기도 한다. 그리고 상대방의 대답에 영향을 주기 위해 할 수도 있다.

꼬리를 무는 질문은 닫힌 질문의 변형이다. 이런 질문은 상대방에게 긍정 또는 부정의 답변을 이끌어낸다. "데일, 너도 이 거래가 좋지?"가 좋은 예이다. 이 질문은 "예" 또는 "아니오"라는 답변을 하게 만든다. 이런 질문은 효과적이지만, 과도하게 사용할 경우에 상대방을 화나게 할 수도 있다. 이런 질문은 대화의 처음, 중간, 또는 끝에 추가하는 것이 좋다.

구체적인 사실을 원하거나, 서로를 이해하거나, 대화를 자신이 원하는 방향으로 이끌고 싶다면 닫힌 질문을 사용하는 것이 좋다. 틀린 답은 없다. 단지 합당한 질문을 던지지 않았을 뿐이다.

정중하게 닫힌 질문 사용하기

결론을 성급하게 내리기보다 그에 관해 깊이 조사하는 편이 더 낫다. 한 번의 닫힌 질문을 통해 사실, 약속 등을 얻어낼 수 있고, 상대방에게 앞으로 나올 이야기에 대하여 예고할 수도 있다. 나는 수많은 시행착오를 통해 이것을 깨달았다.

나는 예고 없이 동료의 사무실에 불쑥 찾아가 내가 말하고 싶은 요점만을 상대방에게 말하곤 했다. 상대방은 주의 깊게 듣는 것처럼 보이긴 했으나, 하던 일을 계속하면서 나의 말을 들으려고 노력했다.

이럴 때 상대방의 주의를 끌기 위해 나는 다음과 같은 질문을 습관적으로 던졌다. "지금 이야기하기 좋은 때인가?" 상대가 "그래"라고 대답하면 말을 계속했고, "아니"라고 대답하면 나중으로 기회를 미루었다.

이 방법을 사용하면 상대방이 나에게 좀더 협조적인 태도를 보인다는 것을 알 수 있었다. 아, 그리고 예의바르게 보이기도 해서 일석이조의 효과를 얻는다.

— 로버트

통합적으로 듣기

통합적으로 듣는 사람들은 윈윈 전략에 따라 감정이입과 분석을 같이 하면서 듣고 그 내용을 통합한다. 여기서 가장 중요한 것은 상대방과 관계를 형성하고 말을 듣기 위해 시간을 투자하는 것이다. 상대방의 말과 상황을 보다 더 잘 이해하려면 그가 말한 내용, 말하지 않은 내용, 느낌, 지식 등을 총동원해야 한다.

통합적으로 듣는 사람은 실질적인 근거와 의견을 구분할 수 있고, 단순한 의욕의 발로와 증거를 분리할 수 있다. 주제에서 벗어나는 말을 하든 자꾸 반복해서 말을 불분명하게 하든 이들은 사실과 감정을 명확하게 구분할 수 있다. 이들은 상대방의 생각과 감정을 인정해주지, 결코 부정하지 않는다. 또한 이들은 자신의 옳음을 증명하거나 충고, 또는 가르치기 위해 화를 내며 싸우지도 않는다.

가장 중요한 것은 남을 미리 판단하지 않는 것이다.

선입견을 갖는 것은 또 다른 형태의 듣기에 해당한다. 선입견을 가지면 말을 듣기도 전에 자신이 듣게 될 말을 예상하고, 자신의 생각이 맞았다는 것을 증명하기 위해 선택적으로 듣게 된다. 자신이 예상했던 말을 듣고 나면 더 이상 상대방의 말을 들으려 하지 않고 "그럴 줄 알았어", "웃기네", "이제 또 시작이다"라는 말로 대화를 끊어버린다.

이해가 덜 된 사실은 핸들 또는 브레이크가 없는 차처럼 위험하다. 이해는 모든 근거를 확인할 때 비로소 생기는 것이다.

짐은 내가 한 말을 이해했다고 말했다. 사실은 그렇지 않다는 의구심이 내 마음의 한 구석에서 일어났다. 이러한 느낌을 본능, 직관, 또는 가려움이라고 할 수 있겠다. 이것을 뭐라고 부르든 상관없지만, 그 상황을 제대로 파악하는 데 필요한 과정임은 틀림이 없었다.

나는 조심스런 질문을 통해 짐이 어느 정도 이해하는지 알아보았다. 그는 자신이 내가 원하는 바를 이해했다고 믿고 있었지만, 실제로는 그렇지 않았다. 나는 다른 방식으로 내가 원하는 것을 다시 말했고, 나의 기대치와 예상되는 결과에 집중하여 설명했다.

그래서 짐은 우리가 합의한 대로 프로젝트를 제 시간 안으로 끝낼 수 있었다. 우리는 모두 결과에 만족했다.

상대방이 하는 말을 선택적으로 듣고 이해를 단편적으로 하는 것은 좋지 않다. 말한 것, 말하지 않은 것, 신체 동작, 경험 등 모든 것을 동원하여 대화를 이해하도록 해야 한다.

듣는 행위는 자석 같아서 신기하며, 창조적인 힘을 내뿜는다. 말을 잘 듣는 친구는 대개 우리가 먼저 다가가는 사람들이다. 그리고 상대방이 자외선이라도 되는 것처럼 그 앞에 앉는다.

－ 브렌다 유렌드

통합적으로 듣기

성의껏 들어라

듣기는 상대방의 의도를 완전히 이해하는 것이다. 상대방의 말에 무조건 동의할 필요는 없지만, 그 말은 모두 이해해야만 한다. 듣기에는 듣는 행위뿐만 아니라, 보는 것과 느끼는 행위도 포함된다. 적극적으로 듣기는 적극적인 개입과 협조적인 몸짓, 질문, 감탄사("음", "오", "아"), 그리고 상대방을 격려하는 말("정말 그런가요?", "아, 그렇군요", "계속 이야기하세요")을 포함한다.

모든 사람은 남들이 자신의 이야기를 들어주길 바란다. 그야말로 소리쳐서 주목을 받고 싶은 심정인 것이다. 즉 누구나 칭찬, 존경, 인정을 받고 싶어한다.

남이 자신의 말을 완전히 들어주고 이해해줄 때를 상기해보자. 느낌이 어떠했는가? 충족감? 만족감? 기쁨? 이 모든 것과 그 이상을 얻었을 것이다.

반대로 자신의 말이 무시당했을 때를 기억해보자. 아마 상대방이 내 말이 끝나기를 기다리거나, 말을 끊으려고 했을 것이다. 느낌이 어떠했는가? 울화통? 실망감? 싸우고 싶은 욕망? 모든 사람이 비슷하게 느낀다.

남의 말을 경청하는 사람은 인내심이 많고, 유연하며, 개방적인 사고방식을 갖고 있다. 이들은 상대방에게 관심이 있고, 상대방의 심기를 건드리지 않으면서 이의를 제기할 수 있기 때문에 뛰어난 화술가로 인식된다. 이들은 상대방의 말을 충분히 듣고 난 후에 자신의 입장을 재치 있게 말한다.

반면에 말을 잘 듣지 않는 사람은 언제나 성급하게 대화를 한다. 이들은 편협함, 불쾌감, 그리고 무신경으로 자신을 무장한다. 그리고 자신의 차례가 돌아오길 조급하게 기다리며, 남의 말을 끊고, 자신이 중요하다고 느끼는 것만 말한다.

기업 문제의 60퍼센트 이상이 대화 문제에서 비롯된다고 한다. 직원들은 관리자가 도대체 자신의 말을 듣지 않는다고 푸념한다. 관리자들은 오히려 직원들이 일을 제대로 하지 않는다고 불평한다. 다양한 연구 끝에 잘 들어주는 것만으로도 직원의 의욕이 상승할 수 있다는 결론이 나왔다.

결혼도 마찬가지이다. "도대체가 그(그녀)가 듣지를 않아!"라는 말을 수없이 듣지 않았는가? 결혼 문제의 원인에서 최고로 꼽히는 것 역시 대화 문제이다.

또한 대화에 있어서 이러한 태도는 비용의 손실을 가져온다. 올바르지 못한 듣기가 업무 수행에 지장을 준다는 전제에 동의했을 때, 한명이 일주일 동안 10달러어치의 시간과 자원의 손실을 가져

온다고 할 수 있다. 직원이 10명일 때, 일주일의 손해는 100달러
이다. 한 달은 400달러이며, 1년에 4,800달러의 손해를 입는다.
직원이 100명일 때, 일주일 동안의 손실은 1,000달러이다. 한 달
은 4,000달러이며, 1년에 48,000달러의 손해를 입는다. 대기업이
라도 이 정도는 생각해 볼만한 큰 액수이다.

　듣기는 자동차 운전처럼 자신이 운전하는 것이다. 그런데 이 기
술은 그 중요성에 비해 제대로 인식되고 있지 않다. 쓸모 없는 것
처럼 취급되어서 개발이 진전되지 않고 있다. 하지만 이것은 성공
적인 인간 관계의 근간을 이룬다. 남과 함께 일할 수밖에 없는 환
경이라면 더욱 더 적극적인 듣기가 필요하다.

　듣기의 비결은 남이 자신을 들어주기 바라는 만큼 들어주는
것이다.

　벤 펠드먼은 연봉 250만 달러를 처음으로 넘긴 보험 판매원
이었다. 나중에 그는 이 기록을 두 배로 갱신했다. 그는 이 기록
을 오하이오 강 유역의 20,000명 규모의 작은 마을 이스트 리
버풀에서 이룰 수 있었다.

　비결이 무엇인지 사람들이 물었을 때, 그는 이렇게 대답했다.

　- 열심히 일한다.

　- 크게 생각한다.

　- 매우 잘 듣는다.

　듣기의 황금 법률을 적용하자. 말을 많이 하기보다 많이 듣
는다.

- 로버트

뛰어난 청자는 상호작용, 참여, 집중력 등이 뛰어나다. 잘 들으려면 집중력, 노력, 적극적인 참여가 필요하며, 이것은 에너지를 소비하는 일이다.

자신이 상대방의 말을 다 흡입하는 진공 청소기라고 생각하면 상대방의 말을 잘 이해하고, 올바른 평가를 내리기가 훨씬 쉬워질 것이다.

동기를 만들어라

남에게 동기를 부여해주는 것은 그들의 행동에 직접적으로 영향을 주는 것과 바로 연결되어 있다. 대화를 할 때는 질문을 통해 상대방이 어떠한 것에 흥미를 느끼는지 집중하여 알아내야 한다.

사람은 고통을 피하고, 즐거움을 얻기 위해서라면 어떠한 일도 마다하지 않는다. 그 중에서도 고통을 피하기 위한 노력이 즐거움을 얻기 위한 노력보다 강하게 작용한다. 이런 부분에 대하여 질문을 던지는 것이 상대방에게 동기를 부여하는 첫걸음이다.

상대방이 고통을 피하는 것에 동기 부여가 되는가? ("폐암에 걸릴까 두려우니까 담배를 끊어야겠어.")

아니면 쾌락을 추구하는 것에 동기 부여가 되는가? ("담배를 끊으면 미각이 살아나서 음식맛이 더 좋아지겠지?")

상대방의 생각에 영향을 주려면 먼저 상대방이 수용하는 태도를 가져야 한다. 상대방이 정신을 집중하는 방향 또는 신체적 상태를 바꾸면 이러한 상태가 될 수 있다.

신체적 상태란 그가 하고 있는 행동을 말한다. 정신 집중은 그가 생각하고 있는 것이다.

무언가를 시작하는 것이 무척 힘들게 느껴지는가? 자동차를 미는 것이 좋은 예이다. 차를 미는 것은 힘들지만, 일단 움직이기 시작하면 가속도가 붙어서 밀기가 쉬워진다.

사람의 경우에도 마찬가지이다. 관성을 타파하려면 물리적으로 상대방을 움직이도록 해야 한다. 물리적인 장소를 옮기면 정신도 마찬가지로 움직이기 시작한다.

일단 적용을 해보자. 상대방 행동에 변화를 주자. 만약에 상대방이 앉아 있다면 일어나게 한다. 글을 쓰고 있다면, 그것을 멈추게 하고, 다른 부탁을 하든지 심부름을 시킨다. 또는 잠깐 걷자고 한다. 근처의 다른 방으로 옮기는 것으로도 충분하다. 일단 물리적인 장소를 바꾸었다면, 상대방이 다시 정신을 집중하게 만든다.

이러한 과정은 자신에게 적용할 수도 있다. 글을 쓰고 싶은데 아무것도 생각이 나지 않는다. 아이디어가 고갈된 느낌이다. 무엇을 해도 도저히 가망이 없어 보인다. 그러면 일단 자리에서 일어난다. 그리고 커피나 차를 마시기 위해 장소를 옮긴다. 다시 자리에 돌아오면 사고가 다시 작동하기 시작하는 것처럼 느껴진다. 이것은 사실이다. 자신의 물리적인 상태에 변화를 주면 집중에 도움이 된다.

상대방의 정신 상태를 변화시키기 위한 또 다른 방법은 질문을 던지는 것이다. 질문을 던지기 전에 확인할 것이 있다. 일단 상대

동기를 만들어라

방이 능동적인지 수동적인지 알아야 한다. 능동적인 사람들은 스스로 행동하기를 좋아한다. 수동적인 사람들은 꼭 행동해야 할 때만 행동한다.

다음은 상대방에게 하기 좋은 질문들이다.

- 그것이 왜 중요한가?
- 그것을 어떻게 다룰 것인가?
- 어떻게 하면 당신이 이것을 도울 수 있는가?
- 당신은 이것으로 무엇을 얻는가?

상대방의 대답은 동기 부여의 중요한 단서가 된다. 즉 그는 자신에게 중요한 것을 말할 것이다. 그가 사용한 단어를 잘 기억해두었다가 상대방에게 대답할 때 적용한다. 그러면 그는 상대방이 자신의 말을 제대로 듣고, 이해했다고 느낄 것이다.

다음 질문은 "(상대방이 중요시하는 것이) 왜 중요한가요?"가 될 것이다. 이때 상대방은 두 가지 중에 한 가지 방식으로 대답할 것이다. 즉 그는 어떠한 것에서 멀어지거나 가까워지는 대답을 하게 된다. 상대방이 그렇게 대답할 수 있도록 돕는 것도 좋다. 예컨대 부를 향해 나아가는 것은 가난에서 탈피하는 것과 차이가 있다. 겉으로는 비슷하게 보일지 모르지만, 무의식적인 차원에서 이것은 전혀 다르게 작동한다.

다음 질문은 이렇게 된다. "언제 그것(상대방이 원하는 것)을 가질 수 있지?" 상대방은 또다시 두 가지 대답 중에 하나를 선택하게 된다.

하나는 대답을 알고 있는 것이다. 이들은 내적으로 동기 부여가 되기 때문에 남의 인정이나 도움이 크게 필요하지 않다.

또 다른 대답은 가족, 동료, 직장 상사 등이 자신의 성과에 대하여 알고 있다고 하는 것이다. 이들은 외적으로 동기를 부여받는 타입이다. 또한 이들은 남들의 인정을 성공의 징표로 인식한다.

다음 질문은 이렇게 된다. "그것(상대방의 목표)이 지금 당신의 현재 모습, 또는 미래와 어떻게 다른가?" 대답은 다시 한 번 갈래 길에 선다. 대답은 '같다'와 '다르다'가 있다. 즉 지금과 다른 것을 추구하는 노력, 또는 약간의 변화가 있는 현상 유지를 바라는 것이다.

마지막 질문은 다음과 같다. "왜 그것(상대방의 목표)으로 정했는가?" 상대방은 그 과정을 늘어놓기 시작하거나, 현재의 목표가 어떻게 정해지게 되었는지 이야기할 것이다.

만약에 '왜'에 대답을 했다면, 질문자가 그것에 대하여 제안하길 바라고 있을지도 모른다. 그렇다면 두세 가지 제안을 하고, 상대방이 그에 따라 행동하는 것을 지켜보자.

만약에 '어떻게'라는 방식으로 대답을 했다면, 그는 어떠한 절차를 따라야 할지를 궁금해 하는 것이다. 그렇다면 그가 원하는 절차를 제시한다.

이러한 질문을 하는 것은 상대방이 어떤 식으로 자극을 받아야 (당신이 원하는 대로) 앞으로 나아가는지(또는 피하는지) 알 수 있게 한다. 이것을 잘하기 위한 핵심은 당신이 바라는 것을 그의 목표 또는 동기와 연결하는 것이다.

이 점을 기억해두자. 자신에게 기쁨을 주는 것, 또는 고통을 피

동기를 만들어라

하게 하는 것이 동기를 부여한다. 어떤 사람들은 돈 또는 유형의 재산을 원한다. 다른 부류의 사람들은 인정과 무형의 보상을 바란다. 뛰어난 청자는 상대방의 고통과 쾌락을 잘 포착해낸다.

만약에 상대방의 고통에 대한 질문을 했는데, 그가 고통을 회피하는 것에 집중한다면, 질문을 올바로 한 것이 아니다. 그가 무엇에서 고통을 느끼는지가 중요한 것이 아니라, 그에 대한 이해를 하는 것이 중요하다. 만약에 상대방과 자신이 원하는 것이 다르면 대화는 곧 장애물에 부딪친다.

예컨대 부서에 사용할 장비 구입을 결정해야 한다고 상상해보자. 직장 상사는 완벽한 결정을 내리기 위해 주춤거리고 있다. 그래서 그가 부하 직원에게 더 많은 조사를 하라고 시킨다.

필요한 장비가 없다는 것을 아는 부하 직원은 상사의 머뭇거림이 참을 수 없다. 빨리 장비를 구비하고, 그것을 운용하는 것만이 회사 경비를 모든 면에서 절약해줄 거라고 생각한다.

여기에 등장하는 상사와 부하는 같은 목표를 위해 고민하고 있다. 그러나 생각하고 있는 것은 서로 다르다. 이런 상황에 부닥치면 부하 직원은 조심스럽게 상사의 말을 듣는 것이 좋다. 이것을 알고 설득하면 결정을 늦추는 것이 빨리 장비를 구입하는 것에 비해 비용이 많이 든다는 것을 상사에게 인식시킬 수 있을 것이다.

배고픈 사람이 식사를 준비한다

　동기는 충족되지 않은 욕망에서 나온다. 아침 겸 점심을 먹으려고 뷔페에서 두 시간을 보냈는데, 어떤 이가 갑자기 저녁에 무엇을 먹을 것인지 묻는다. 어떤 대답이 나올까? 아마 먹고 싶은 저녁 식사가 생각나지 않을 것이다. 이것은 음식에 대한 욕망이 충족되었기 때문에 그와 관련된 것은 더 이상 생각하고 싶지도 않기 때문이다.

- 피터

열린 질문

질문을 받은 사람은 자신의 느낌과 생각으로 질문을 해석한다. 정보를 취합하여 질문에 대한 대답을 하기까지는 시간이 걸린다. 질문자는 대답을 듣고, 다시 질문을 던지는 식으로 대화를 계속 해나간다.

질문에서 가장 중요한 것은 어떠한 대답을 얻느냐이다. 질문에는 두 가지 종류가 있다는 것을 알아야 한다. 닫힌 질문과 열린 질문이 그것이다.

열린 질문은 간단한 "예", "아니오"의 대답을 이끌어내지 않는다. 그리고 이것으로 대화의 방향을 설정할 수도 없다. 그러나 상대방의 의견을 알아내는 데는 매우 좋은 방법이다.

열린 질문은 상대방에게 생각을 심어주고 그가 생각하는 것을 간접적으로 조종할 수 있다. 이런 질문은 상대방의 사고와 감정에 직접적인 영향을 끼친다. 또한 자신에 대해 한번 더 생각하고 발견할 기회를 주어 자신의 쾌락 또는 고통을 찾아낼 수 있게 한다. 열린 질문은 대화를 촉진시켜 생각을 치밀하게 하는 것은 물론 적극성과 창조성을 자극한다.

심도 깊은 질문으로 상대방을 발견하라

열린 질문에는 주로 '누구, 무엇, 언제, 어디서, 왜, 어떻게' 라는 의문이 포함되어 있다.

열린 질문은 사실보다는 생각이나 느낌, 의견 등을 묻는다. 이런 것들은 특히 질문의 의도에 좌우된다. 짧은 대답으로 끝날 수 있는 것도 질문에 따라 심도 있는 대답을 이끌어내며 그의 내면을 보여주기도 한다. 열린 질문을 효과적으로 사용하면 대답하는 사람은 "예" 또는 "아니오"로 대답할 수 없으며 사고를 치밀하게 하고, 자신의 생각이나 의견이 무엇인지를 스스로 알게 된다.

"누가 그곳에 있게 되는가? 누가 그곳에 있어야 하는가? 또 다른 사람은?"

"이러한 변화가 왜 필요하다고 생각하는가? 왜 기다려야 하는가? 어떻게 그 과정을 개선할 수 있는가?"

"이 과정에서 가장 중요하다고 느끼는 부분은 무엇인가? 어떻게 해야 당신이 동의하겠는가? 성형 수술에 대하여 어떻게 생각하는가?"

"무엇을 고쳐야 서비스를 개선시킬 수 있을까? 어디에 문제가 있다고 생각하는가? 어디로 가는 것이 좋을까?"

"언제 전화하는 것이 가장 좋은가? 언제 이 계획을 실행에 옮길 것인가? 언제 이러한 변화가 올 것인가?"

열린 질문

"어떻게 이것을 개선시킬 수 있을까? 그것은 당신에게 어떤 효과를 주는가? 소비자의 요구를 어떻게 더 효과적으로 들어줄 것인가?"

"왜"가 들어 있는 질문은 피하도록 한다. 이런 질문은 단순하게 "왜냐하면"이라는 식의 대답을 이끌어내고, 대화가 그곳에서 멈춰버리게 할 가능성이 높다. 또한 상대방에게 위압감을 주며, 경멸하는 태도로 비칠 수도 있다. "왜 계획된 시간 안으로 마치지 못했지?" "왜 우리가 매번 당신을 기다려야 하지?" 등은 힐난하는 것으로 들리며 무례하다고 느낄 수 있다.

"어떻게", "무엇을", "무엇이 있는가?"라는 식의 질문이 가장 사용하기 쉬운 열린 질문이다. "남이 프로젝트를 마치지 못해서 당신이 기다려야 하는 것에 대하여 어떻게 생각하는가?"라는 질문은 "왜 프로젝트가 제 시간에 끝나지 않았는가?"라는 질문과 같지만 "왜"가 풍기는 위협적인 어조가 느껴지지 않는다. 다음 질문들이 얼마나 포괄적이고 친근한지 살펴보자.

"그런 경우에 어떻게 하시면 좋겠어요?" "직무 수행을 개선시키기 위한 다른 제안이 혹시 있습니까?"

상대방에게서 진정한 의견을 이끌어내거나, 생각을 심어주고, 주제를 확장시키며, 내면의 생각과 느낌을 알아내려면 열린 질문을 던져야 한다. 열린 질문은 깊은 사고를 통한 대답을 이끌어내고, 모두가 잘 이해할 수 있도록 도움을 준다.

아이는 어른보다 뛰어난 질문을 한다. "과자 먹어도 돼요?",
"하늘은 왜 파란가요?", "소는 뭐라고 말해요?" 이러한 질문이
"문서가 어디 있지?", "전화를 왜 걸지 않았지?", "당신 변호사
가 누구야?"라는 질문보다 더 즐거운 대답을 이끌어내는 것은
당연하다.

- 프란 레보위츠

일방적인 대화

고등학교 시절을 떠올려보자. 선생님이 강의를 하고, 학생은 일방적으로 들어야 했다. 그런데 과연 선생님의 말씀을 제대로 들었을까? 한 수업이 있기 전에 두세 시간 정도 수업을 이미 들었다면 집중도가 많이 떨어졌을 것이다. 강의는 일방적인 대화의 표본이다. 이러한 대화에서는 청자는 무시되고 화자가 중심이 된다. 청자는 자신이 이해한 것이든 이해하지 못한 것이든 간에 말할 기회가 없다.

사무실에서 하는 일은 대개 정신없이 돌아간다. 직장 상사가 어려운 업무를 급하게 떠맡기는 모습을 상상해보자. 말이 끝나고 그가 묻는다. "알아들었나?" 부하 직원이 즉각적으로 대답한다. "예."

이것 또한 일방적인 대화의 표본이다. 상사의 지시에서 이해하지 못한 부분은 숨어 있다가 그 임무를 수행하려 할 때, 수면 위로 떠올라 방해하기 시작한다. 이러한 대화는 길의 방향을 가르쳐 주는 것과 비슷하다. 전혀 엉뚱한 곳에 도달하기 전까지 잘못 왔다는 생각이 들지 않게 마련이다. 잘못됐다는 것이 분명해져서야 '처음에 잘 들었으면……' 이라는 생각이 든다.

일방적인 대화에서 청자는 자신이 들은 것을 이해하고 있다고 생각할 수 있다. 또는 자신이 멍청하거나 무능력해 보이는 것을 두려워해서 질문을 하지 않을 수도 있다. 혹은 직장 상사가 부하직원에게 겁을 줬을지도 모른다. 이유가 무엇이든 이해되지 않은 대화가 손실을 가져오는 것에는 변함이 없다.

좋은 대화는 서로가 이해하는 것이다. 이상적인 형태라면 쌍방이 개방적이며, 유연하고, 서로를 이해하려고 노력한다. 일방적이 아닌 상호적인 대화를 통해서만이 상호간의 생각과 느낌을 정확히 나눌 수 있는 것이다.

일방적인 대화

한 번의 가르침

마구간에서 일하는 첫날이었다. 나는 사람들에게 멋진 첫인상을 주고 싶었다. 나의 보스는 말에 마구를 장착하고 마차에 연결하는 법을 가르쳐 주었다. 그런 후에 내게 이해했는지 물었다. 나는 그렇다고 대답했다. 나는 제대로 이해가 안 되었음에도, 무식해 보이기 싫어서 그렇게 대답했다.

나는 마구를 말에 얹고 마차를 끌어왔다. 그리고 보스에게 말이 준비되었다고 말했다. 그가 마차에 올라타자마자 마차가 뒤로 넘어갔다. 내가 마차를 마구에 연결하지 않았기 때문이었다.

그 일을 계기로 나는 가르칠 때는 절대로 일방적인 대화가 되지 않도록 해야 한다는 걸 깨달았다.

1. 설명한다.
2. 시범을 보인다.
3. 교습을 받고 있는 사람에게 질문한다.
4. 상대방이 실제로 하는 것을 지켜보고 확인한다.

– 로버트

대답하기 쉬운
질문이 오히려 어렵다

　　질문은 강력한 효과를 발휘하지만 이를 적극적으로 사용하는 사람은 드물다. 질문은 대화의 내용과 방향을 지정하기 때문에 대화는 당연히 질문자의 의도대로 진행될 수 있다. 또한 질문은 질문자와 답변자의 공통된 관심사를 이끌어낼 수 있고, 어떠한 주제를 집중적으로 조명할 수도 있다. 그리고 질문은 사람의 믿음, 행동, 인식 등을 변화시킬 수도 있다.

　질문은 마음의 창문과 같다. 질문의 핵심은 무엇을, 언제, 누구에게 하느냐이다.

　질문은 정보를 수집하고, 오해와 실수를 피하기 위해 사용된다. 그리고 어떠한 생각을 주입하거나 대화를 시작하거나 신뢰를 쌓거나 협조를 구하는 등의 경우에도 사용된다.

　또 질문을 하면 답변자에게 무엇이 중요한지 알 수 있고, 정보를 수집할 수도 있고, 답변자의 생각과 행동에 영향력을 행사할 수도 있다.

다음은 질문을 해야 하는 다섯 가지 중요한 이유이다.

1. 질문자 또는 중요한 사안에 관심을 끌기 위해 사용한다.

안녕하세요? ＿＿을 해도 될까요?

절 도와주시겠어요?

＿＿＿을 보았습니까?

＿＿＿에 대해서 어떻게 생각하십니까?

2. 정보 수집을 위해 사용한다.

기자의 철칙을 떠올려보자. 6하 원칙. 누가, 무엇을, 언제, 어디서, 왜, 어떻게.

3. 정보를 주기 위해 사용한다.

이러한 경우에 ＿＿＿이 좋다고 생각하나요?

어떤 일이 남았습니까?

＿＿＿에 대해서 어떻게 생각하십니까?

4. 질문자의 생각을 심어주기 위해 사용한다.

＿＿＿라면 어떨지 상상해 보았습니까?

＿＿＿을 할 생각이 있습니까?

5. 대화를 자연스럽게 끝맺기 위해 사용한다.

퇴근 시간 아닌가요?

뭘 기다리세요?

날카로운 질문은 질문자와 답변자 모두에게 자극이 되어 자신의 내면을 탐구하고 새로운 발견을 하게 만든다. 이것은 양파의 껍질을 벗기는 것과 마찬가지이다. 깊게 들어갈수록 핵심에 근접하는 것이다. 오래된 관념과 관점은 겉껍질이다. 새로운 관점과 직관은 핵심에 다가갈수록 생겨난다.

생각을 하게 만드는 질문은 스트레스를 줄 수도 있다. 자신이 생각하는 현실과 세계관을 넓히도록 강요하기 때문이다. 이러한 질문을 접하면 사람은 자신의 행동에 의문을 품게 된다. 하지만 사람은 바로 이런 방법을 통해 성장하고 발전하기 마련이다. 또한 질문을 하는 사람과의 관계가 돈독하게 된다.

생각을 유도하고 싶다면 아이디어의 씨앗을 심어주고 상대방이 직접 싹을 틔울 수 있도록 질문을 한다. "어떠한 제안이 더 좋다고 생각합니까?" 또는 "제가 말씀드린 것이 지금 하고 계신 것과 어떻게 다른지 알겠습니까?"라고 질문할 수 있다. 깊은 사고를 요하는 질문을 던지면 상대방은 당신의 제안에 대해 심각하게 고려하게 된다.

대화를 시작하려면 친근하게 다가가 말을 걸고 신뢰를 쌓는다. "안녕? 내 이름은 샌디야. 네 이름은 뭐니?", "안녕하세요? 요즘 잘 지내시나요?", "____에 대한 생각이 무엇입니까? 제가 ____에 대하여 도와드릴 점이 있나요? ____에 대하여 말씀해주실 수 있나요?"

상대방이 자신의 말을 이해했는지 확인하기 위해 다음과 같이 질문하는 것도 좋은 방법이다. "____라고 생각하시는 거죠?", "재미있는 말씀이군요. 그렇게 생각하는 근거가 무엇이죠?"

동기를 부여하려면 상대방의 질문을 다시 상대방에게 할 수 있다. "그렇게 하는 이유가 뭐죠?"라는 질문을 받았다면 "이렇게 해

대답하기 쉬운 질문이 오히려 어렵다

야 하는 이유가 뭐라고 생각합니까?"라고 질문을 상대방에게 되돌릴 수 있다. 이런 식으로 상대방이 중요하다고 생각하는 것을 알아낸다. 즉 질문을 통해 숨어 있는 고통과 쾌락을 찾아낸다. 이러한 정보를 바탕으로 설득력 있는 사람은 청자의 관심사를 자신의 제안과 연결시킬 줄 안다.

문제를 해결하려면 "만약에"라는 식의 질문을 한다. "이것이 아니면 무엇이지?", "만약에 선택의 여지가 없다면 어떻게 하지? 어떻게 꾸려나갈 수 있지? 생각하는 바가 있어?"

반대와 적대감을 극복하고 협조를 얻으려면 직접적인 질문을 던진다. "당신이 문제라고 생각하는 바가 무엇입니까?" 말뜻을 이해하지 못한 것처럼 상대방의 의사를 다시 묻고 조용하게 듣자. 상대방이 자신의 생각을 구체적으로 말할 때까지 기다리고 다음과 같이 질문한다. "그것을 실행하려면 어떻게 해야 됩니까?" 여기서 중요한 것이 무엇인지 숙지한다. 그리고 자신이 생각하는 바를 최선을 다해 밝히고 다음과 같이 끝맺는다. "이렇게 바꾸어도 반대하겠습니까?"

하지만 질문은 상대방을 대체로 방어적으로 만들고 스트레스를 준다는 것을 기억해야 된다. 이러한 상황을 피하기 위해 상대방의 감정 상태를 충분히 고려하도록 한다. 그리고 다음과 같이 끝맺는다. "제가 빠뜨린 것이 있나요?" 상대방이 중요하다고 생각하는 것을 빠뜨릴 가능성이 있기 때문이다.

마지막으로 오해, 실수, 시간 또는 예산 낭비 등을 피하기 위해 "이해하시겠어요? 제가 이해할 수 있게 말씀해주실 수 있나요?" 등의 질문은 쌍방이 생각을 정리하고 명확하게 하는 데 도움이 된다.

질문을 하는 순서는 일반적인 사항에서 구체적인 사항으로 좁혀가는 것이 핵심이다. 이것은 다른 말로 플러드라이트(투광조명)/스포트라이트(집중조명) 접근법이라고도 할 수 있다. 자신이 기사를 써야 하는 기자라고 가정하고 질문을 던져도 괜찮다. 처음은 일반적이고 열린 질문을 하여 상대방의 기쁨과 고통이 무엇인지 알아낸다. 상대방의 답변 속에서 핵심적인 단어와 어구를 찾아내고, 그가 중요하게 생각하는 이점이 무엇인지 알아야 한다. 그리고 상대방의 장점과 약점이 무엇인지까지 발견한다. 즉 상대방에게 플러드라이트를 비추는 것이다. 자신은 기자이고 상대방은 취재 대상인 유명스타라고 가정하자.

"____에 대하여 말씀해주세요. ____에 대하여 어떻게 생각하십니까? ____에서 당신의 역할은 무엇입니까?" 이러한 질문은 상대방에 대한 관심을 보여준다. 그러면 상대방은 인정받는다고 느끼고 쉽게 대답해줄 것이다.

분위기를 파악하는 일반적이고 열린 질문을 통해 상대방과의 관계가 형성되었다면 이제는 구체적이고 닫힌 질문을 통해 대화의 방향을 조종한다.

열린 질문은 반대 의견(성공을 위협하는 요소)을 독립시켜 생각할 수 있게 하고 필요 사항과 공통 분모(성공의 기회)를 끄집어낸다. 그리고 닫힌 질문은 구체적인 정보를 구하고 사고의 방향을 조절하기 위해 사용된다.

일단 공통 분모를 확인하는 것으로 시작한다. 즉 당신이 어떤 말을 하면 상대방은 그것을 의심할 수 있다. 그러나 상대방이 자신

대답하기 쉬운 질문이 오히려 어렵다

의 입으로 한 (같은 내용의) 말을 믿지 않을 수는 없다!

예컨대 회사의 컴퓨터 시스템에 대한 논의를 동료와 하고 있다. 둘 다 그것을 최신형으로 교체하고 싶어한다. 그런데 상대방은 새로운 컴퓨터 시스템을 구입하기 위한 비용은 아깝다고 생각한다.

대화는 다음처럼 진행될 수도 있다.

"컴퓨터가 낡았지요?" (일반적인 동의를 이끌어낸다)

"가격 문제에만 반대하는 거죠?" (그의 반대 의견이다. 만약에 그가 "예"라고 하면……)

"만약에 시간이 지날수록 초기 구입 비용만으로도 훨씬 이득이 된다면 컴퓨터를 바꾸는 데 동의하는 겁니까?"

상대방의 입에서 "예"라는 대답이 나올 수 있도록 질문을 한다. 이는 상대방이 "아니오"라고 대답할 여지를 없애는 작업이다. "예"라는 대답이 나오면 대화는 좋은 방향으로 흘러가기 쉽다. 그리고 '느낀다/느꼈다/찾아내다' 접근법으로 상대방이 관심 있는 주제를 논의한다.

"어떻게 느끼실지 알고 있습니다. 저도 컴퓨터를 처음 보았을 때, 그렇게 느꼈습니다. 그런데 컴퓨터를 바꾸니 생산성을 열배로 올릴 수 있다는 사실을 찾아냈습니다. 그러니까 컴퓨터를 새로 사는 것은 우선은 비용이 좀 들겠지만, 결과적으로는 생산성이 엄청나게 증대될 것입니다."

이제 다시 플러드라이트를 스포트라이트로 바꾸자. 즉 구체적인 사안에서 일반적인 사안으로 논의 사항을 넓혀서 자신의 주장을 뒷받침한다. "만약에 새로운 컴퓨터 시스템을 산다면 무엇을 더 고려해야 한다고 생각합니까?" 이러한 질문을 던졌는데 그가 대

답을 하기 시작한다면 좋은 징조이다. 이렇게 하면 타인의 협조를
이끌어낼 수 있다.

언제나 질문하라

직원들은 언제나 당장 임박한 (마음에 들지 않는) 변화를 극구
찾아내고 이것을 따지기 좋아하는 것 같다. 그들의 관심사를 알
기 위해 같은 방법을 역으로 사용할 수 있다.

한번은 부정적인 사고방식을 가진 직원이 근무 시간의 변동
에 대하여 불평했다. 그는 근무 시간을 왜 바꿔야 하는지 나에
게 물어보았다. 나는 그에게 구체적으로 어떤 점이 문제인지 되
물었다. 그리고 뻔한 대답이 나에게 돌아왔다. "뭐, 우린 언제
나 이렇게 해왔어요. 잘 모르시면 잠자코 계시죠."

나는 그의 대답에 수긍하고, 그 외에 다른 문제는 없는지 물
어보았다. 그는 없다고 했다. 그래서 나는 근무 시간이 바뀌면
직장을 그만둘 것인지 물어보았다. 그는 그렇지는 않다고 했
다. 나는 근무 시간 변화에 대한 이유를 그에게 설명했고, 더불
어 다른 직원들에게 설명하는 것을 도와달라고 요청했다. 놀랍
게도 그는 나의 말에 동의했다.

의심스러울 땐 질문하는 것이 좋다.

– 로버트

대답하기 쉬운 질문이 오히려 어렵다

대답을 하지 않는 것도 대답이다

대답은 다음을 바탕으로 이루어진다. 지각, 경험, 해석, 또는 일반화. 그래서 대답을 통해 상대방에 대하여 많은 것을 알 수 있다.

지각은 그 순간에 중요하다고 생각하는 것을 기반으로 한다. 예컨대 십대가 운전하는 차가 사고를 당했다. 사람들은 운전자의 잘못에 집중하게 된다. 그래서 "무슨 일이 일어났어?"라는 질문도 십대인 운전자에게 초점을 맞추어 대답하게 된다. 즉 이 사고가 일어난 최대의 원인이 어린 운전자 때문이라고 생각하는 것이다.

경험은 자신의 과거에 기반하고 있다. "이와 비슷한 사고를 본 적이 있는가?"라는 질문에 "네, 그때도 십대 운전자가 과속했었기 때문이었죠"라는 대답이 나올 수 있다. 이러한 사람은 최근에 십대의 과속에 대한 기사를 읽었을 가능성이 높고, 그 영향 때문에 이런 대답을 했을 것이다.

해석은 지각과 경험을 동반한다. "사고의 원인이 무엇인가?"라는 질문을 받았을 때, 운전자가 십대였고 그가 과속했기 때문이라고 말하는 것이 해석이다.

일반화는 자신의 믿음을 나타낸다. "이것과 다른 사고들이 갖는 공통점이 있는가?"라는 질문을 받았을 때, 십대 교통사고의 원인이 대부분 과속이고, 십대는 운전을 하면 안 된다라는 대답이 일반화이다.

각 단계의 대답은 상대방에 대한 이해를 깊게 한다. 상대방에 대하여 더 자세히 알 수 있고, 그의 세계관을 엿볼 수 있게 된다. 상대방의 의견에 동의하지 않을 수도 있지만, 그것과는 별개로 그가 어떠한 생각을 갖고 왜 그렇게 생각하는지 알 수 있다.

대답은 믿음을 재확인시킨다

텍사스에서의 강연 도중에 휴식을 취하고 있을 때, 한 참여자가 말했다. 흑백이 같은 학교를 다니고, 서로가 친구인 것은 문제가 없지만, 서로 사귀는 것(해석)은 문제가 있다는 것이다. 그 말을 듣자마자 나는 상대방으로부터 멀리 떠나고 싶었다.

그는 자신이 사는 곳에 흑백간의 사랑을 볼 수 없었다고(지각) 말하며, 어렸을 때부터 같은 인종끼리 사귀어야 한다는 가르침을 받았다고(경험) 했다. 그것을 왜 반대하는지 그에게 묻자 그는 이 정도의 대답밖에 못했다. "우리는 서로 다르잖아요. 안 그래요? 문화도 다르고, 믿음도 다르고. 절대 융합이 될 리가 없어요(일반화)."

그래서 내가 말했다. "그럼 우리도 서로 다르겠군요?"

대답이 언제나 맘에 들진 않겠지만, 최소한 상대방의 생각이 어느 정도 뿌리 깊은지는 알 수 있다.

- 로버트

언제나 웃음으로 만나자

상대방에게 관심을 쏟는 것은 적극적인 듣기의 한 방법이다. 이것은 상대방을 대화에 참여시키기 위한 좋은 방법이다.

커다랗고 시원한 웃음처럼 대화를 열기에 좋은 방법도 없다. 커다란 웃음은 말을 시작하기도 전에 "당신을 만나서 반가워요. 일이 성사되길 바랍니다. 당신은 저와 동등한 인격체입니다"라는 것을 알려준다. 결론이 나면 다시 한 번 커다란 웃음을 선사하자.

열린 자세는 대화에 초대하는 행위이다. 상대방을 향해 앉거나 서있지 말고, 팔이나 다리를 꼬지 않도록 한다.

상대방을 향해 상체를 앞으로 숙이기. 이것은 상대방의 말에 집중하고 있다는 표시이다. 자세를 편하게 하고, 상대방의 말에 관심을 보이며 집중한다.

접촉은 강력한 연계를 만들어내지만, 조심스럽게 해야 한다. 상대방을 만지는 것은 때로는 문제를 불러일으킬 수 있다. 이것은 오해의 소지가 있으며, 이것으로 논쟁이 일어날 수도 있다. 남성 또는 여성과 악수하는 것은 전혀 문제가 없다. 그러나 이외의 접촉은 더 가까운 관계와 특수한 상황일 때 가능하다.

직접적인 시선의 마주침은 상대방이 말을 더 하길 바라는 것으로 보이며, 격려의 표시이기도 하다. 그러나 과도한 시선의 마주침은 위협적이고 호전적으로 보일 수도 있다.

상대방의 얼굴을 '둘러보는' 것은 상대방을 불편하게 만들지 않는 방법이다. 시선을 상대방의 눈에서 시작하여 볼, 턱 그리고 다시 눈으로 옮긴다. 이것은 좀더 따뜻한 눈 마주침이며, 상대방에 대한 관심을 나타낸다.

고개 끄덕이기는 위와 마찬가지로 상대방을 격려하는, 관심과 인정의 표시이다. 그리고 머리를 흔드는 것과 이해할 수 없는 표정은 혼란스러워하고 있다는 표시이다.

상대방과의 편견없는 원활한 대화를 위해서는 상대방을 격려하고, 보조적인 음성("아", "음")을 쓴다. 그리고 상대방의 입장이 되어 본다. "내가 그러한 상황이면 어떻게 대응할까?" 이러한 질문은 상대방을 긍정적으로 보기 위해서이다. 상대방을 내 맘대로 평가하지 않고, 그의 의도를 포착하는 것이 중요하다.

상대방과의 거리를 적절하게 유지한다. 공간은 편안함과 수용하는 태도를 만들어낸다. 팔을 뻗어서 닿는 거리, 또는 60 내지 120 센티미터가 미국에서는 대화하기 편안한 거리이다. 그보다 가까운 것은 너무 근접한 것이다. 그리고 그보다 더 먼 것은 너무 떨어져 있다고 할 수 있다. 이러한 거리는 문화마다 다르기 때문에 그 차이를 알고 적용해야 한다.

모두 적용하기

개들이 서로 얼마나 빨리 친해지는지 아는가? 개들은 만면에 웃음을 띠고 꼬리를 흔들며 서로에게 다가간다. 이것은 '오래 전에 헤어진 친구' 접근법이라고 하며, 정말 잘 먹히는 수법이다. 이것은 일 또는 일상적인 대화 어디에서든 사용할 수 있다.

웃음. 만면에 띤 커다랗고 따뜻한 웃음. 상대방이 오래 전에 헤어진 친구인 것처럼 대하라. 상대방을 똑바로 쳐다보고, 팔 뻗으면 닿는 거리까지 빨리 접근한다. 상대방을 향해 상체를 숙이면서 악수를 청한다. 상대방을 모르면 자신을 먼저 소개한다. 그리고 그의 이름을 묻는다. 농담도 주고받으며…… 그가 당신과 친밀해지길 기다리자.

– 로버트

천리길도
한 걸음부터

상대방이 전혀 모르는 사람이라면 대화를 시작하기가 매우 어려울 것이다. 에밀리 포스트는 대화에 대하여 다음과 같이 말했다. "자신의 지혜와 웅변술을 늘어놓지 못하는 것을 약점이라고 많은 사람들이 생각하지만, 이상적인 대화는 그런 자랑이 아닌 생각의 교환을 통해 이루어진다." 대화를 계속해 나가려면 주제를 잡아야 한다.

예를 들어 날씨는 어떨까? 자연은 모든 사람에게 영향을 미친다. 지금은 겨울이고, 마침 눈사태를 겪었다면 사람들은 눈사태를 어렵게 빠져나간 무용담에 대하여 말하고, 그와 관련된 다른 이야기도 나오게 된다. 주제를 정하는 것은 한 마디로 상대방으로 하여금 말하게 하는 것이다. 상대방의 입을 여는 방법은 많지만, 다음 다섯 가지가 최고로 효과적이다.

● 농담과 (진실한) 칭찬은 대화를 시작하기에 매우 좋은 방법이다.

● 최신 유행, 중요한 사건, 최근 뉴스, 스포츠, 고장 행사 등에 대해 알고 있는 것이 좋다. 이런 것에 관한 언급으로 어색한 침묵을 깨고 대화를 시작할 수 있다.

● 직접적인 질문을 던진다. "사업 외에 가장 관심 있는 분야가 뭐죠?" 엄청난 대답들이 튀어나오는 것에서 질문을 한 본인이 깜짝 놀랄 것이다. 상대방이 말한 내용으로 대화를 이끈다면 더욱 효과적이다. 호기심을 갖고 상대방이 중요하게 여기는 것을 알아낸다.

● 주제에 대하여 상대방이 아는 것을 말하게 한다. 이것으로 다음과 같은 사실을 얻어낼 수 있다.

 · 그가 아는 것을 알 수 있다.

 · 그가 모르는 것을 알 수 있고, 그것을 상대방에게 가르쳐 줄 수 있다.

 · 그는 대화에 정신을 집중하게 되고, 그와 쉽게 연계를 맺을 수 있다.

● 전에 했던 대화를 기억해낸다. 상대방이 쓰던 말을 뒤풀이할 수 있을 정도면 더욱 효과적이다. 그저 슬쩍 지나가는 말로 하면 충분하다. 이러한 언사는 상대방의 말에 귀를 기울이고 있었다는 반증이며, 자연히 상대방과 관계를 형성하기가 매우 쉬워진다. 그리고 다음과 같은 보조적인 말도 덧붙인다. "아주 흥미로운 얘기이군요", "그렇게 좋은 아이디어를 어떻게 생각해낼 수 있었습니까?", "아주 궁금한데요. 그 다음엔 어떻게 되죠?"

꽃이 피어나는 것을 보듯이

　내 친구 게일은 그녀가 전혀 모르는 사람과 대화를 하는 데 천재적인 소질을 갖고 있다. 그녀는 간단한 질문 몇 마디로 가장 재미없고, 말을 못하고, 수줍은 사람들의 속마음을 꺼내 보인다. 이렇게 해서 상대방의 관심사를 알아낸 후에 그녀는 상대방이 말을 할 때까지 줄곧 붙잡고 늘어진다.

　일단 발동이 걸리고 나면 그녀는 절대로 포기할 줄을 모르는데, 그녀가 타인의 마음과 입을 열게 하는 것은 흡사 꽃이 피어나는 비디오를 보는 것과 같다. 한번은 그녀가 매우 내성적인 사람과 대화를 하게 된 적이 있었다. 20분이 지나자 상대방은 그녀가 물위를 걷는다고 해도 믿을 판이었다. 나중에 내가 그와 마주칠 때마다 그는 게일에 대해서 꼭 물어보았다. 그녀는 그야말로 그의 마음으로 가는 길을 찾은 듯했다.

- 로버트

마음으로
이해하라

이해하기는 상대방이 지각한 것을 받아들여서 전달하는 메시지의 의미를 배우는 것이다. 상대방의 생각을 지지할 필요는 없지만, 한순간이라도 열린 태도로 상대방의 관점으로 세상을 바라보는 것은 필요하다. 이해는 손으로 만져지는 물질적인 것이 아닌 무형의 상태이다. 이것은 보거나, 듣거나, 만질 수 없다. 이것은 위성 안테나가 신호를 받아들이는 것과 비슷한 작용이다. 우선 안테나는 위성을 향해야 한다. 그래야만 신호를 제대로 받을 수가 있기 때문이다.

의사소통은 생각, 느낌, 기대 등의 교환 작용이다. 이 모든 교환 작용은 동시에 이루어질 수 있다. 상대방의 생각, 느낌, 기대를 듣고, 자신도 마찬가지로 상대방에게 이러한 것들을 적극적으로 전달한다.

의사소통에 수동적인 사람들은 듣기만 하고, 공격적인 사람들은 듣지 않고 말만 한다. 의사소통에 적극적인 사람은 둘 다 한다. 이 것은 높은 자긍심, 자의식, 자신감, 감정이입 능력 등이 필요하다. 상대방을 이해하려면 필요한 요건들이다.

이해하기는 말, 소리, 이미지를 왜곡 없이 정신적으로 받아들여 자신의 마음속에 의미있게 새기는 것이다. 상대방을 좋아하거나 동의할 필요는 없지만, 상대방의 메시지를 받아들이고 정확하게 의미를 새겨야 상대방을 올바르게 평가하고 대응할 수 있다.

말을 하면 자신이 아는 것이 무엇인지 확실해진다. 남의 말을 들으면 상대방이 무엇을 아는지 확실해진다. 질문을 하면 더욱 깊은 이해를 할 수 있는 것이다.

대응하기 전에 이해하라

칼 융이 다음과 같이 말했다. "거슬리는 남의 행동을 아는 것은 자신에 대한 이해로 이어진다."

나는 테드의 무기력함이 싫었다. 원래 그는 끝까지 물고 늘어지는 집중력과 태도를 갖고 있었지만, 더 이상 그런 모습을 보이지 않았다. 그 해 말, 테드는 백혈병 진단을 받았다. 이것은 극단적인 예이긴 하지만, 우리는 때로 상대방의 진정한 사정을 모를 수도 있다는 것을 반증한다. 어떠한 행동의 근거는 우연하게 발견될 뿐이다.

더 많이 알수록 더 많이 이해할 수 있다.

– 로버트

언제나 집중하라

성공적인 대화를 하기 위해서는 최대한 집중할 수 있는 분위기를 만들어야 한다. 주의가 산만해지면 대화하는 데 방해가 되어 상대방에게 전달할 메시지를 제대로 전달할 수가 없다. 주의를 산만하게 만드는 요소로는 내적 요인과 외적 요인이 있다.

지각력, 경험, 감정, 잡생각, 감정적 편견, 건강, 미진한 대화 능력은 내적 요인이 될 수 있고, 내가 하고 있는 일, 상대방이 하고 있는 일, 주위에서 일어나는 일 등이 외적 요인으로 작용한다.

내적 요인 때문에 대화가 방해된다면 하고 싶었던 말이 무엇이었나를 다시 한 번 생각한다. "이 사람과 대화를 하는 목적이 무엇인가?"라는 질문을 자신에게 던지는 것도 좋은 방법이다. 반면에 상대방이 산만한 상태라면 그가 다시 집중할 수 있도록 질문을 반복한다. 쉽게 정신을 집중하는 방법은 준비를 하고 대화하는 것이다. 성공적으로 대화를 이끄는 사람은 정보가 풍부하다. 중요한 만남이 있다면 최대한 준비를 하고 임하는 것이 좋다.

말하지 않는 것도 정신 집중에 도움이 된다. 일단 자신의 말을 멈추고 상대방 또는 그녀가 하는 말에 100퍼센트 집중한다. 물론 이것은 상대방에게 질문하거나 "더 이야기해주세요"라고 격려하는 말까지 하지 말라는 것은 아니다. 대신에 상대방을 방해하는 말을 멈추라는 뜻이다. 질문 또는 지적으로 상대방의 말에 내가 귀기울이고 있다는 것을 보여준다.

대화를 방해하는 요인이 외부에 있다면 이것을 바꾸려는 노력을 해야 한다. 상대방과 연결점을 찾으려는데 방해 요소가 있다면 제거해야 한다. 대화를 하고 있는데, 자꾸 사람들이 지나가고, 시끄러운 선풍기가 돌아가며, 뒤에서 확성기가 윙윙거리는 것을 참아야 하는 경우를 누구나 한번은 경험한 적이 있을 것이다. 외부 요인을 해결하는 방법은 단 두 가지뿐이다. 장소를 옮기거나 완전히 무시해버리는 것이다.

하지만 만약에 상대방이 대화를 방해한다면 어떻게 할까? 손으로 무언가를 자꾸 만지작거리거나 장신구를 만지거나 주머니 속의 동전을 짤랑거리는 버릇을 누구나 갖고 있게 마련이다. 단지 어떤 이들은 남보다 심하게 짜증나게 할 뿐이다.

상대방의 그런 버릇은 완전히 무시하는 것이 좋다. 그 버릇이 좋든 싫든 신경을 쓰지 않아야 상대방과 대화를 계속할 수 있다. 그렇게 하려면 먼저 상대방과 함께 일을 할 수밖에 없다는 사실을 받아들여야 한다. 지금 내가 만나서 대화를 나누는 사람이 일생에서 가장 중요한 사람이라고 생각한다면 목표달성에 정신을 집중할 수 있을 것이다.

그렇지 않으면 상대방에게 주의를 산만하게 하는 행동을 멈추라고 정중하게 요구할 수도 있다. 이때는 미리 그 행동이 대화에 어떤 지장을 주는지 설명하는 것이 좋다. 그리고 상대방이 이에 대해 긍정 또는 부정적인 태도를 보일 수 있다는 것을 인정해야 한다. 사실 파트너가 어떻게 나올지는 아무도 알 수 없다. 만약에 상대방이 귀찮아하거나 화를 낸다면 그와의 연결은 깨어지고, 관계를 다시 형성하기란 극히 어렵게 된다.

집중하라

나는 사업상 고객과 점심 식사를 함께 할 때 집중에 방해되는 요소가 있으면 그곳에서 멀리 떨어진 곳에 앉는다. 복도를 지나는 다른 손님들, 웨이터, 바에서 들리는 소리 등이 모두 사업에 관한 논의를 중단시키는 요소들이다. 대화에 집중을 잘하기 위해 나는 이러한 것들을 최소화시키려고 한다.

—피터

대화하기 전 주변의 환경을 잘 살펴라.
상대방을 이해하는 데 많은 도움을 줄 것이다.

· 상대방은 자신감에 차 있는가? 자신의 집과 같이 편안한 장소에
  있다면 자신감이 생기기 쉽다. 반면에 낯선 장소에서 회의를 한
  다면 자신감이 떨어질 가능성이 높다.
· 주변이 깨끗하고 정리되어 있는가? 또는 어지럽고 혼란스러운가?
· 상대방은 철두철미하고 신중한가?
· 상대방은 무엇에 관심이 있는가?
· 벽에 그림이 걸려 있는가?
· 증서, 학위, 상장 등이 보이는가?
· 가족, 친구, 유명인 등의 사진이 걸려 있는가? 사진에 있는 사람
  들은 누구인가?
· 상대방이 속해 있는 그룹 또는 회사에서 그가 차지하는 위치를
  반영하는 표시가 있는가?
· 상대방이 영향을 끼치는 범위는 어디까지인가?
· 상대방의 취미, 관심사, 배경 등을 암시하는 스포츠 용품 또는 물
  건이 방에 있는가?